COMO DIBUJAR GRAFFITI

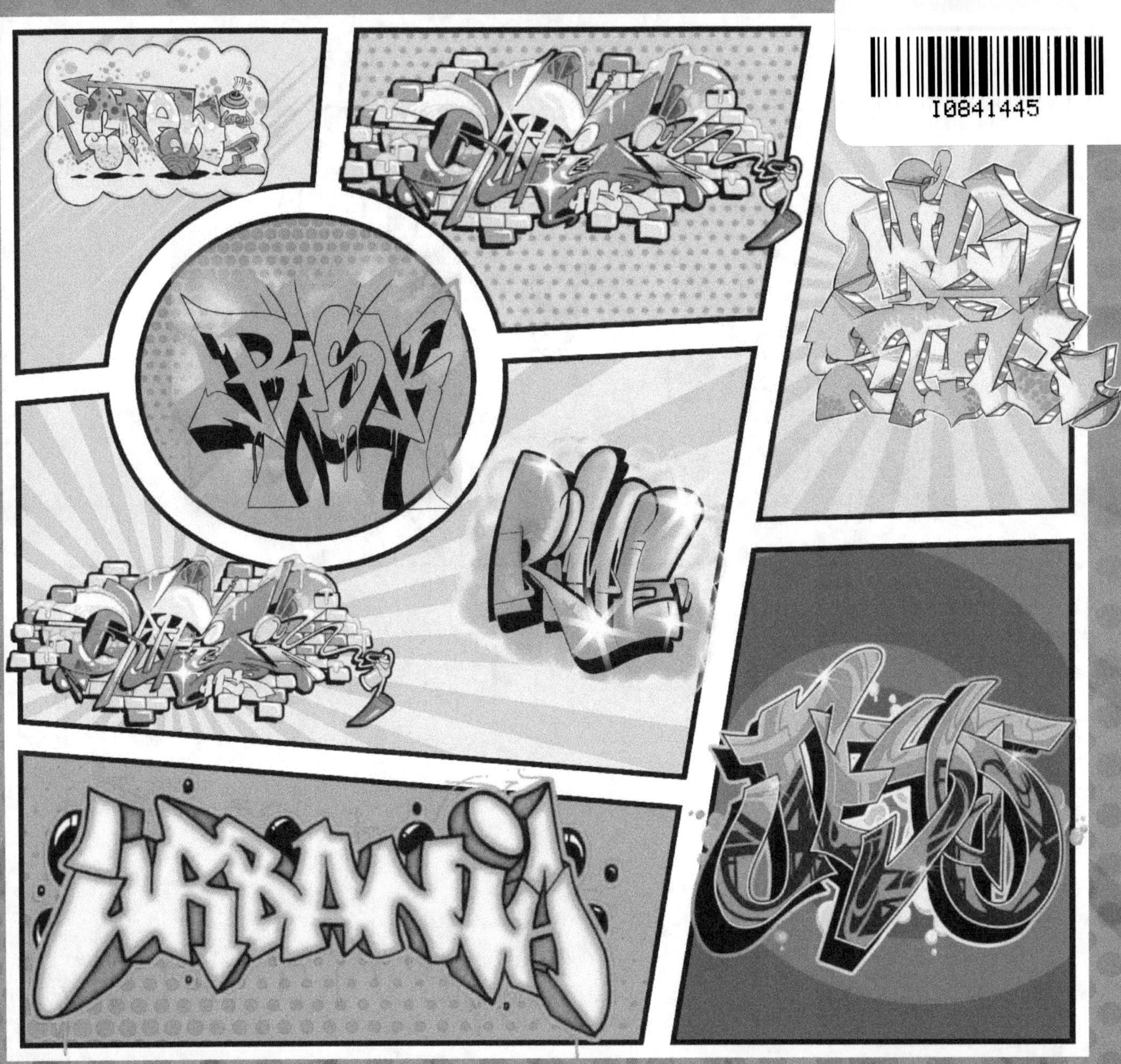

SOPHIA PRESS

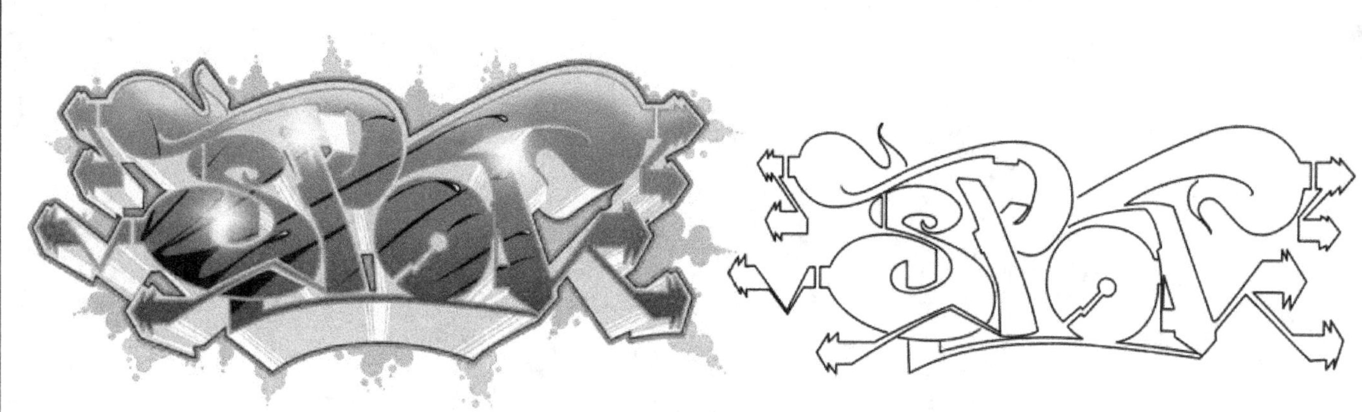

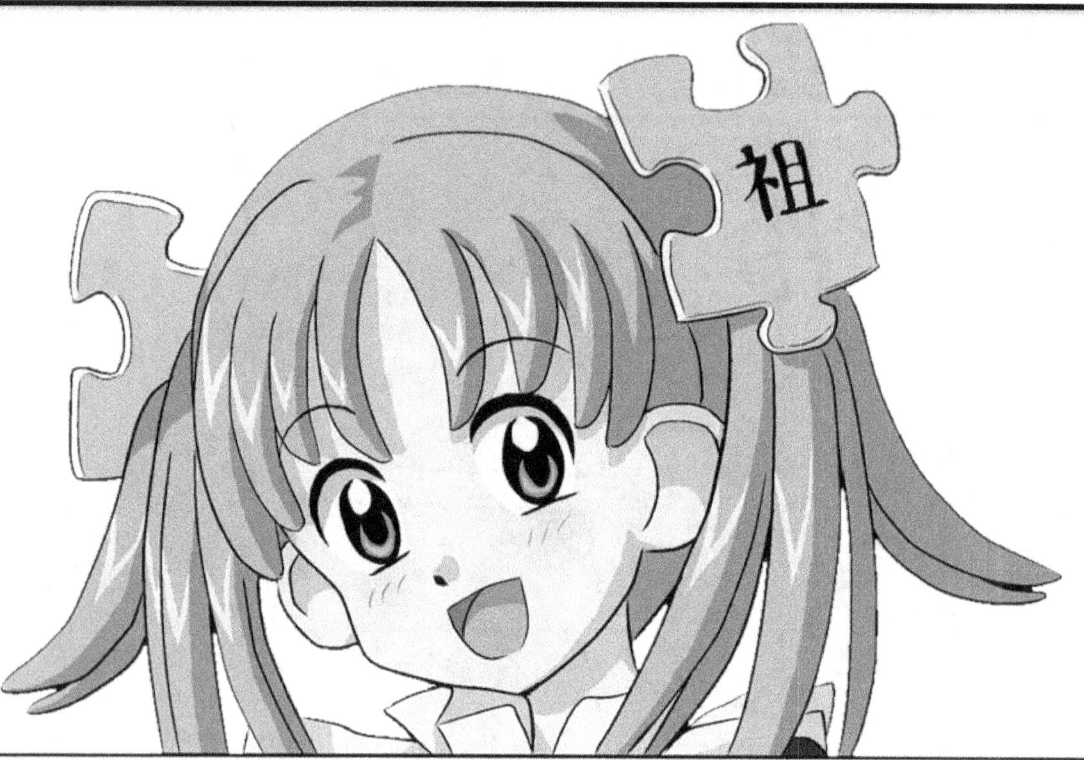

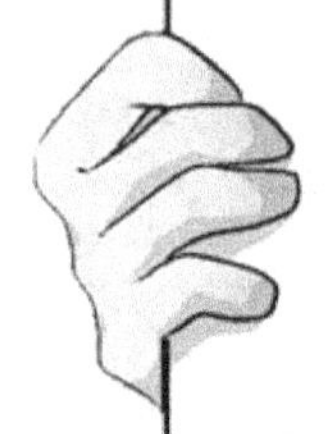

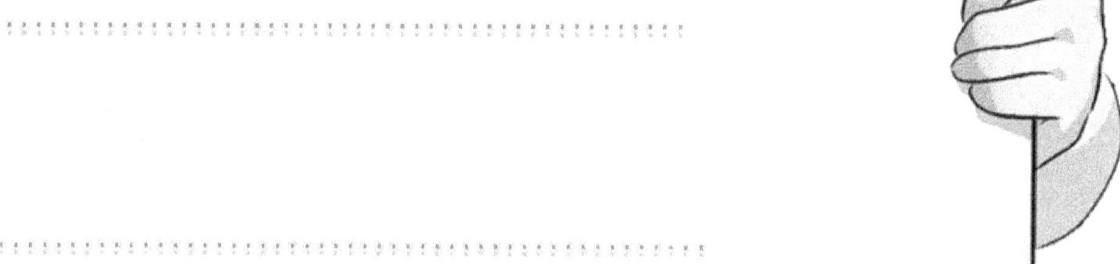
ESTE LIBRO PERTENECE A:

Herramientas de artista

SOPHIA PRESS

TODO LO QUE NECESITAS: PAPEL DE DIBUJO LÁPICES, GOMAS DE BORRAR, SACAPUNTAS, BOLÍGRAFOS, LÁPICES DE COLORES. Y MUCHA CREATIVIDAD

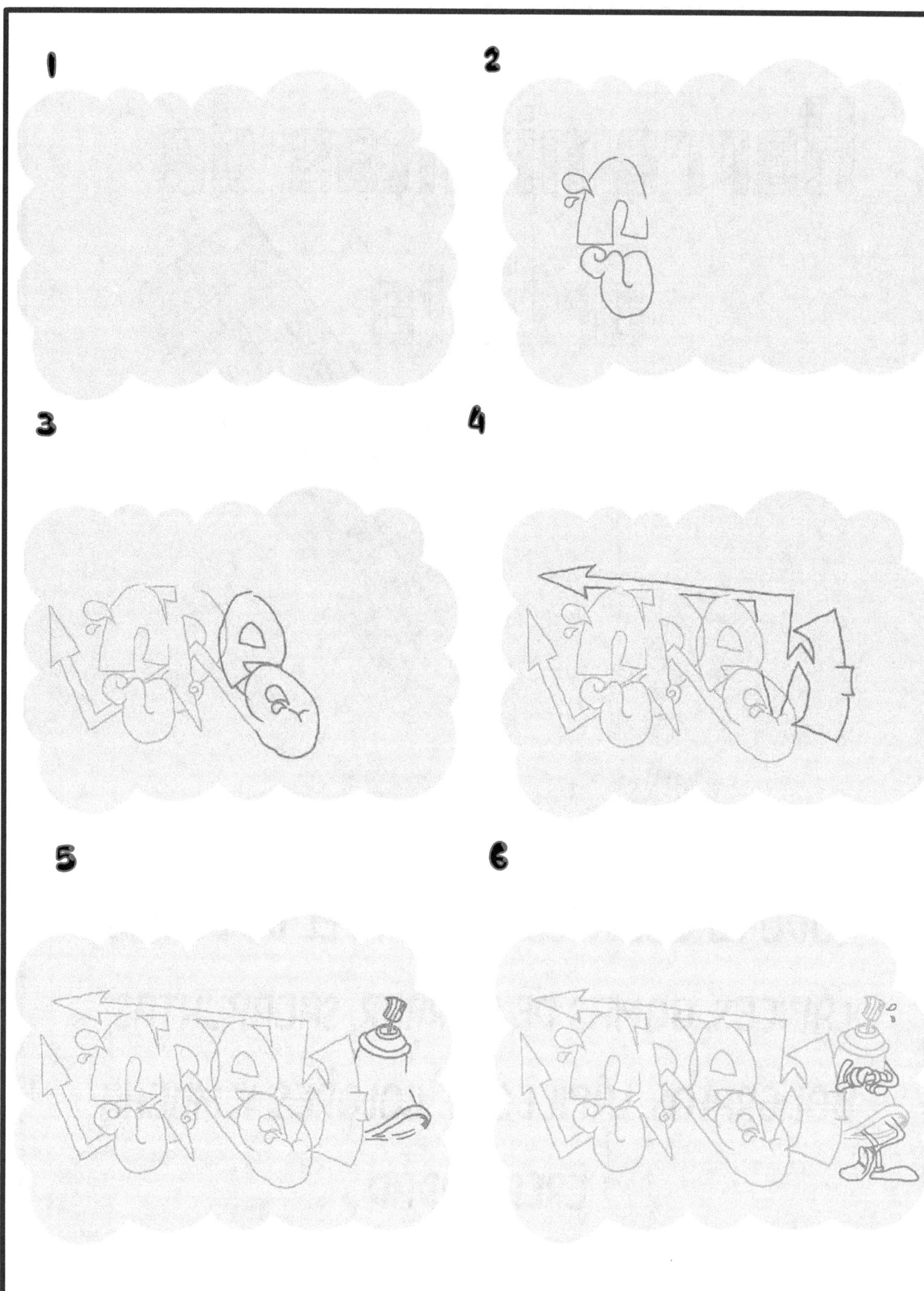

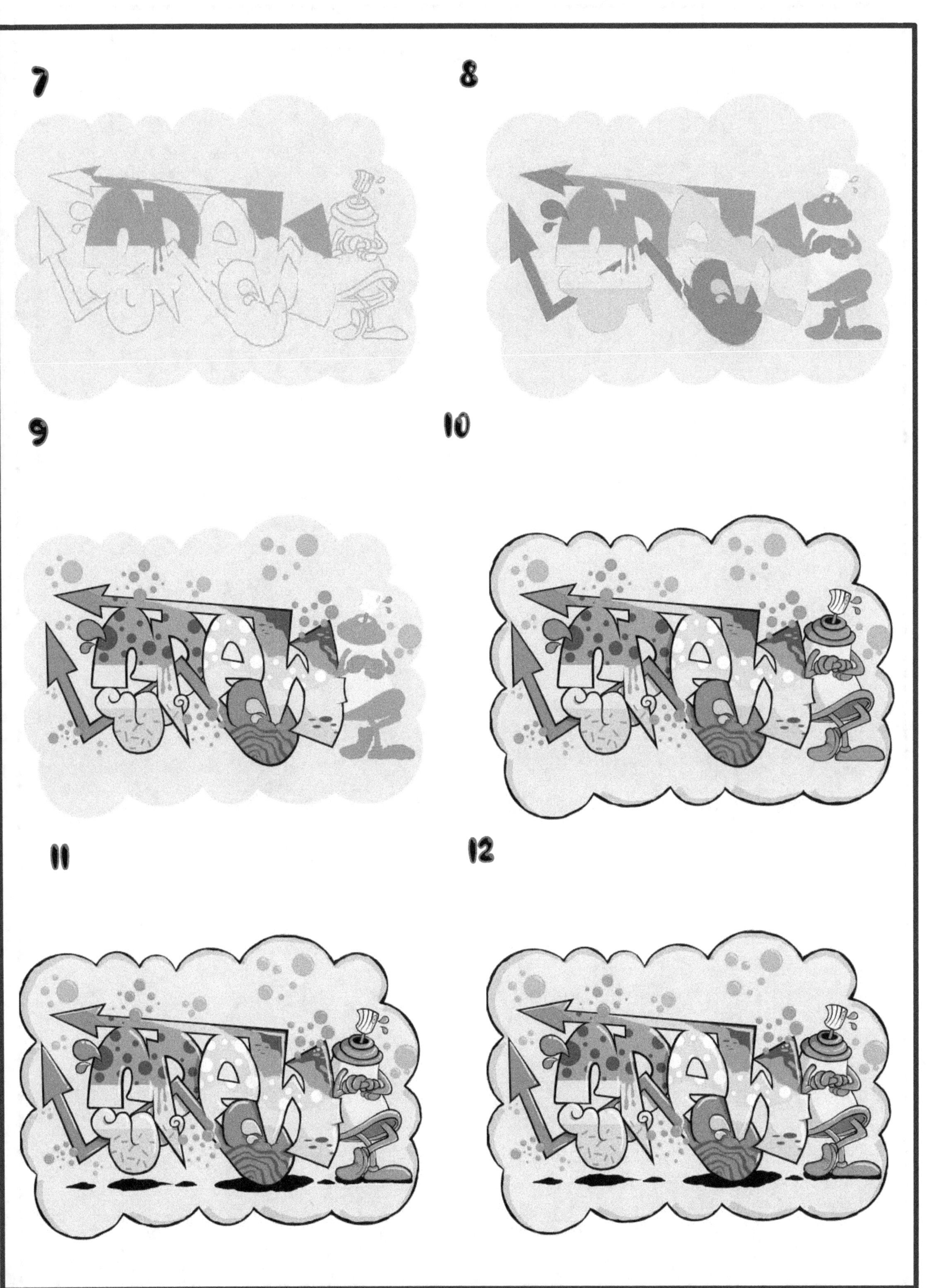
7
8
9
10
11
12

crea la tua arte

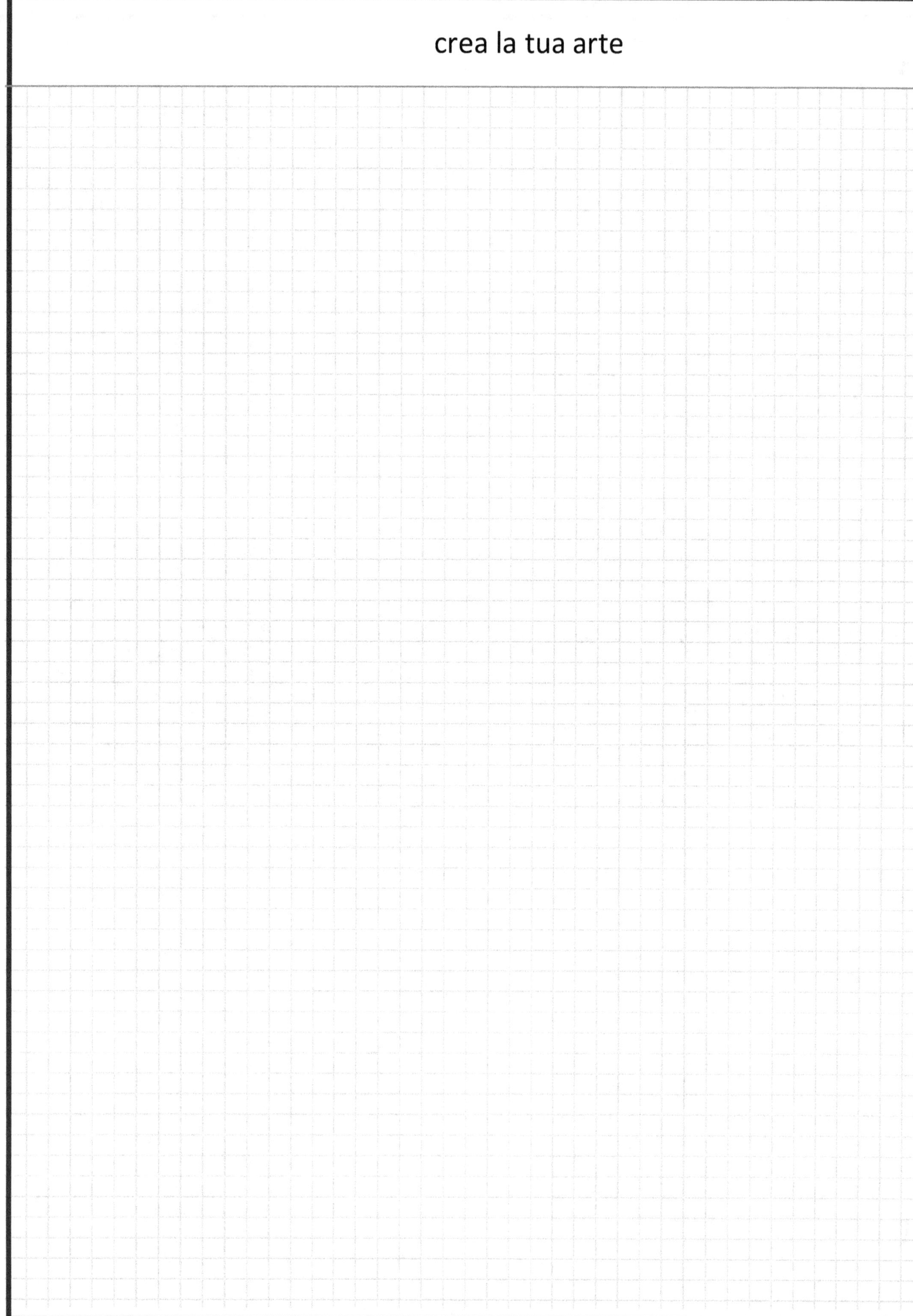

1

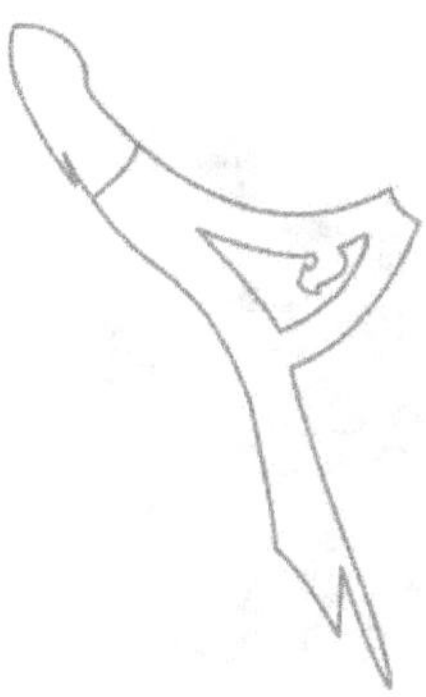

2

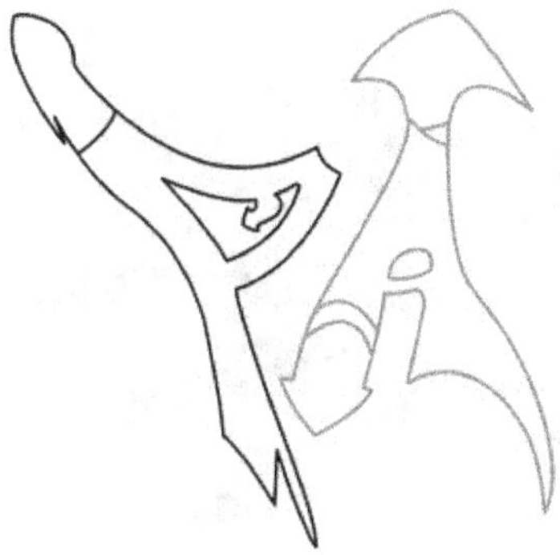

3

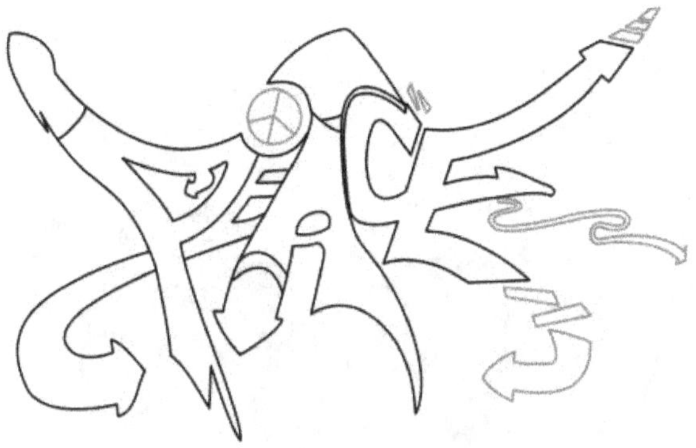

4

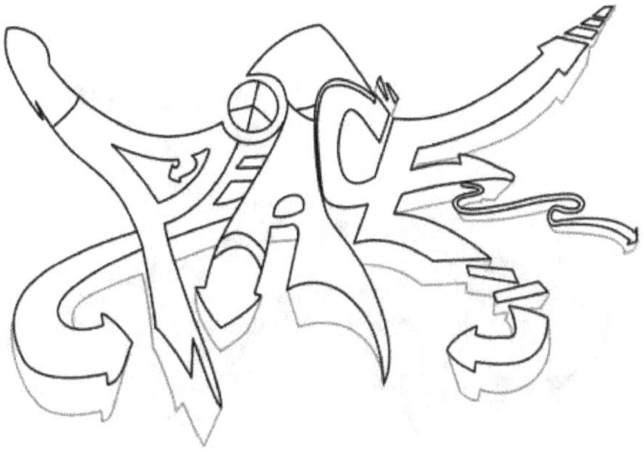

5

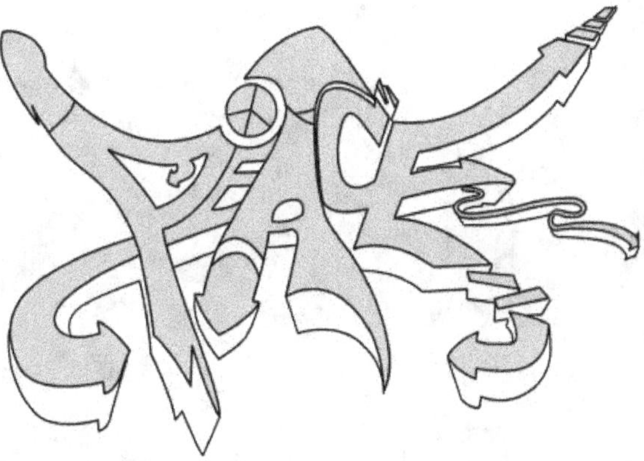

6

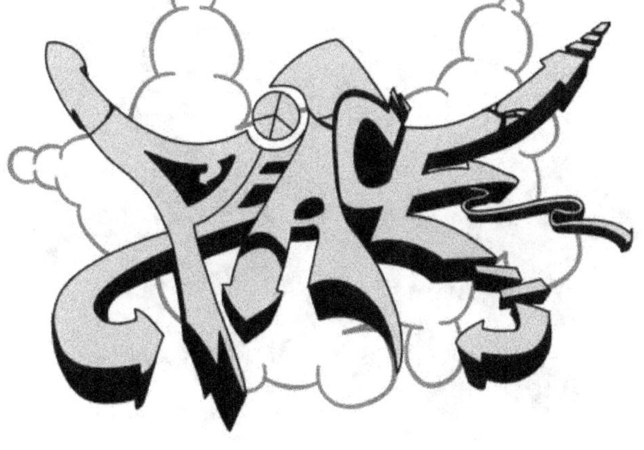

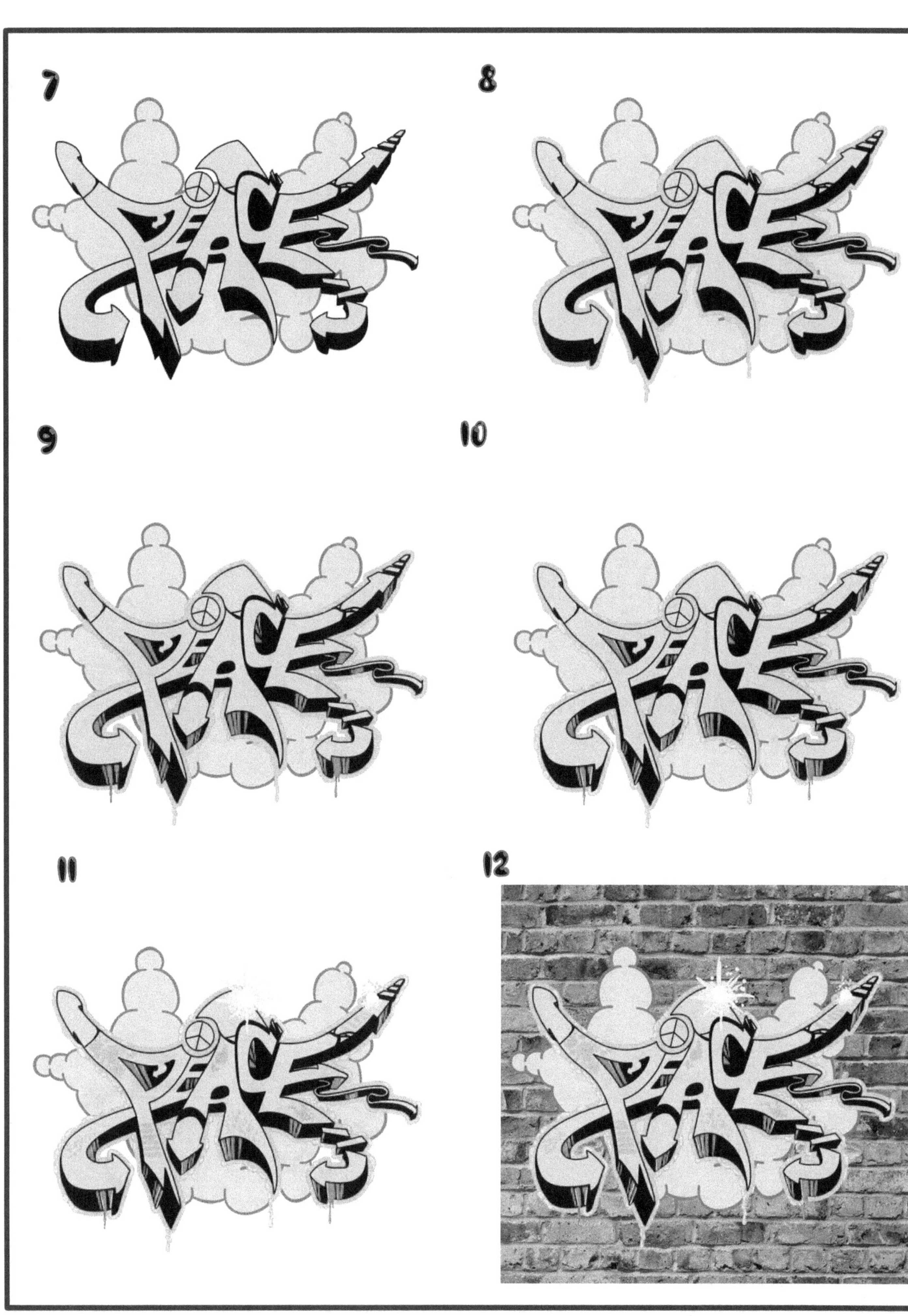

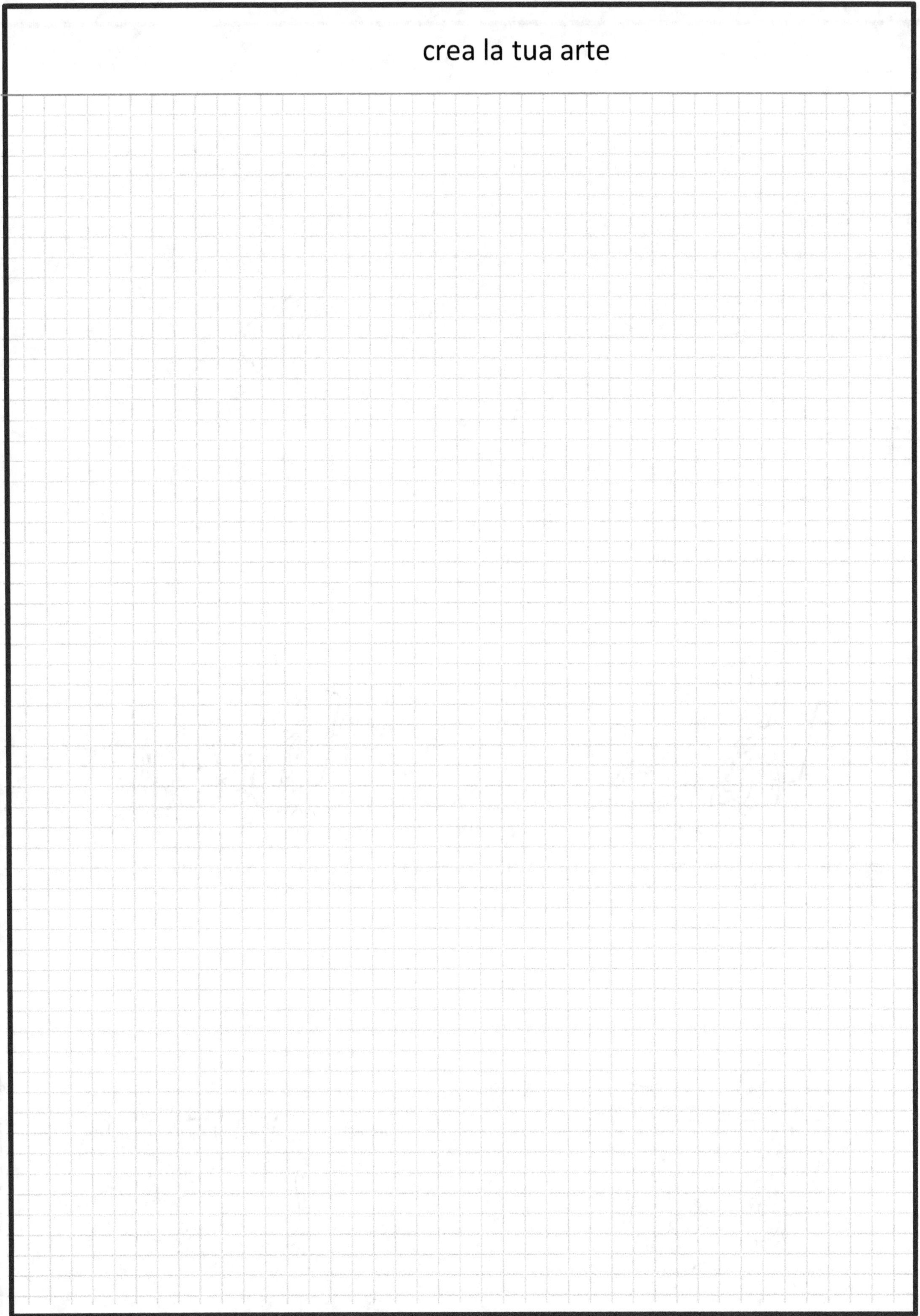
crea la tua arte

1

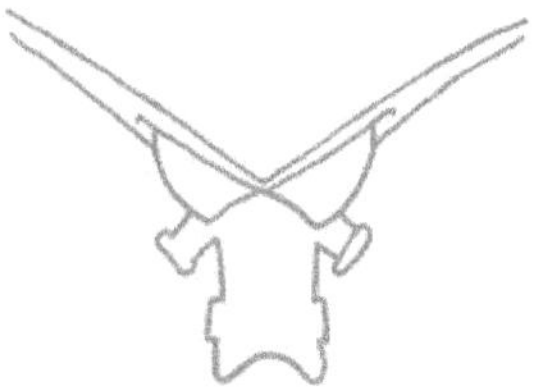

2

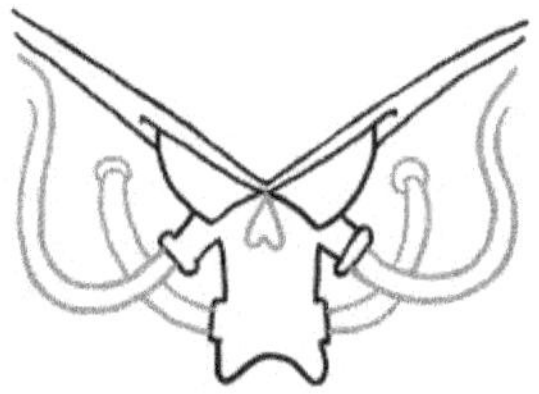

3

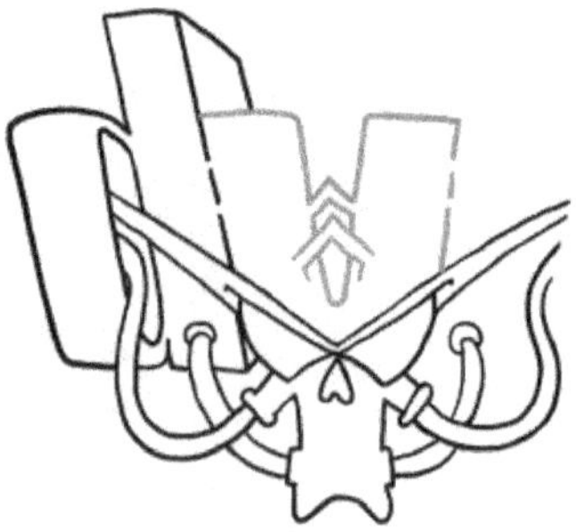

4

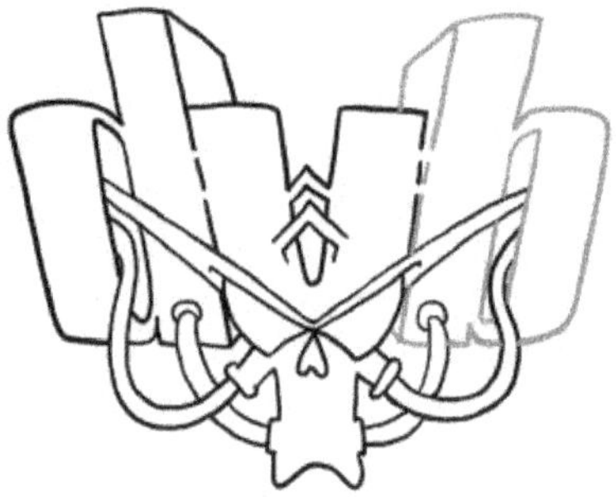

5

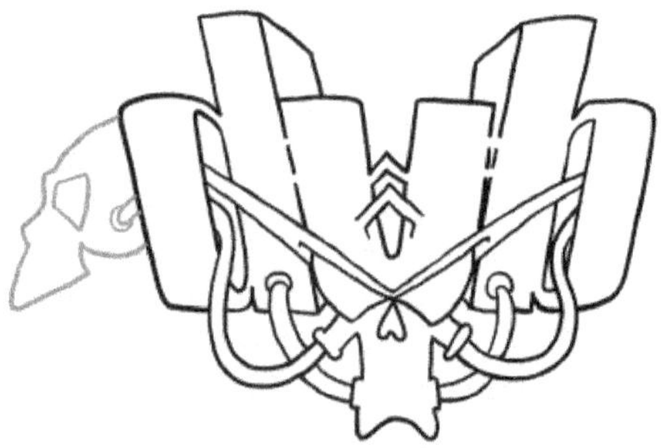

6

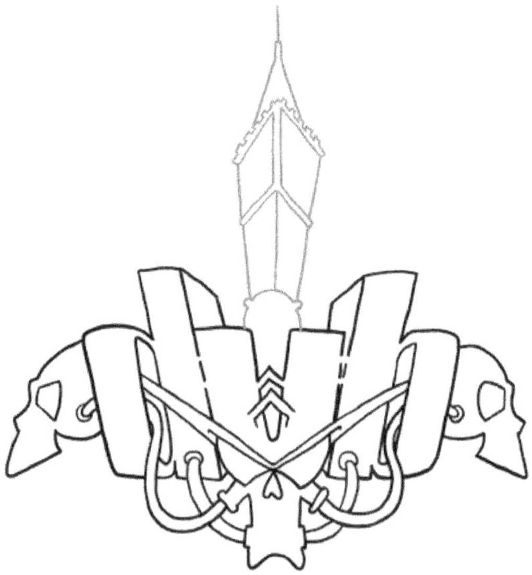

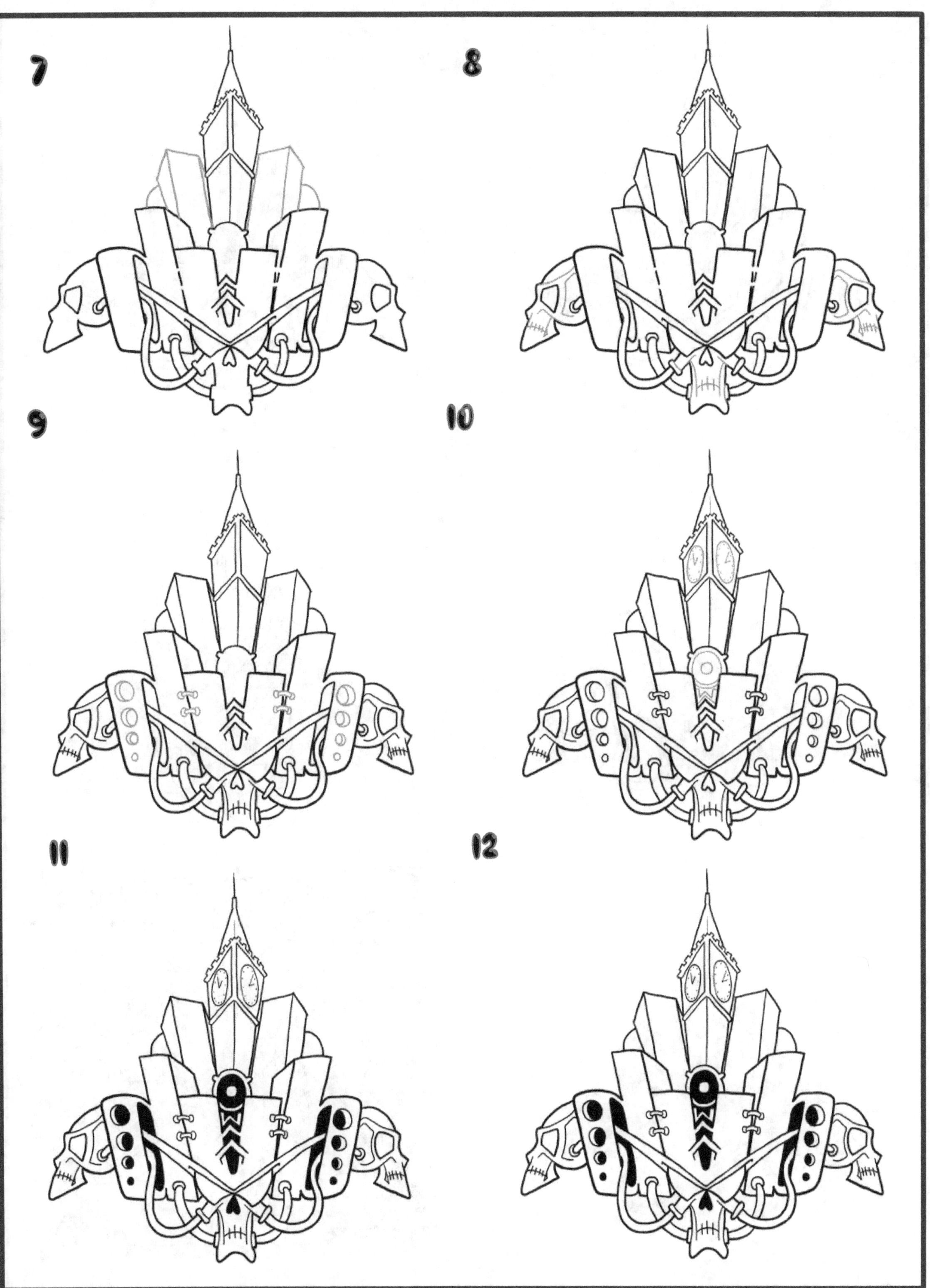

7
8
9
10
11
12

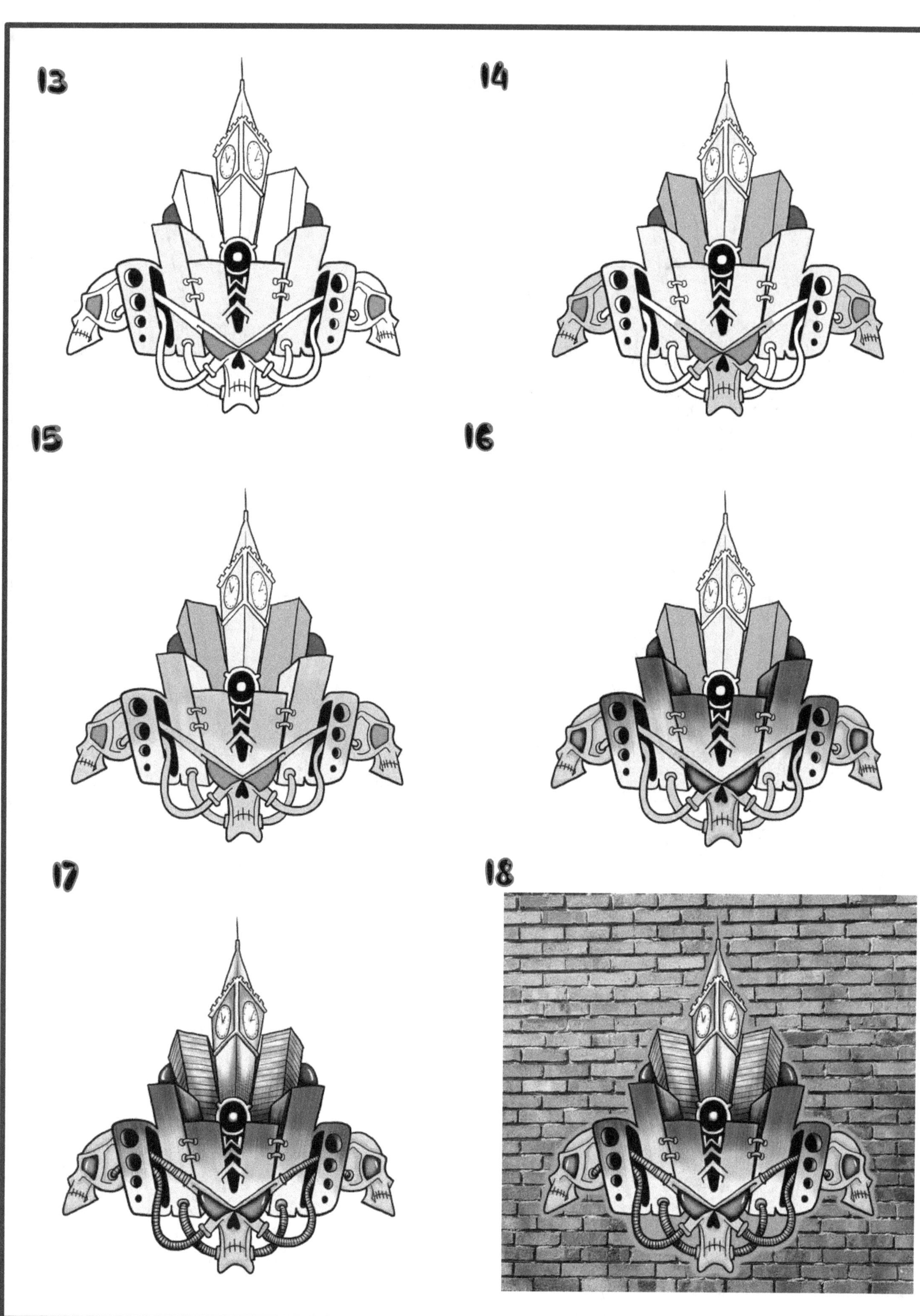

13
14
15
16
17
18

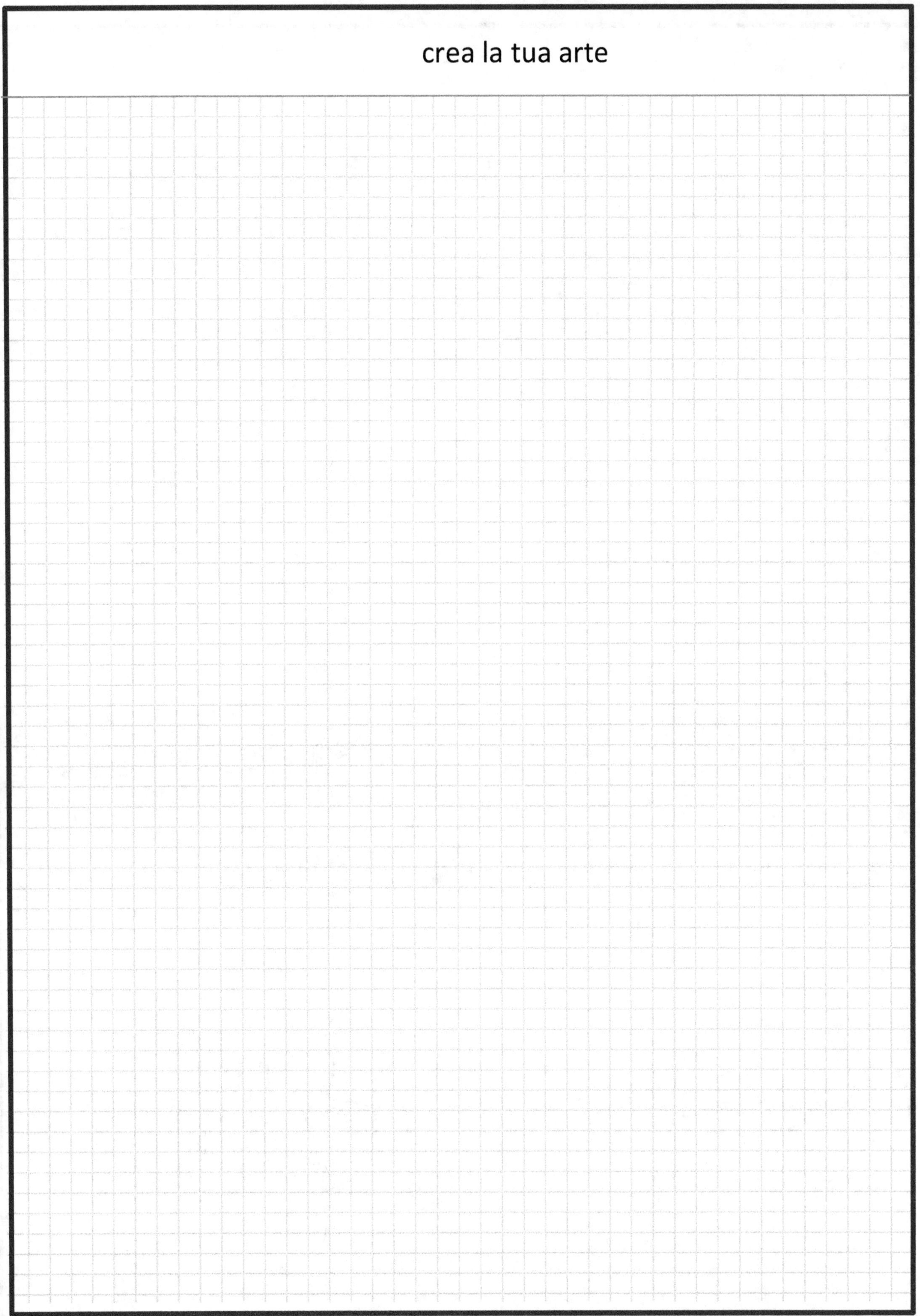

crea la tua arte

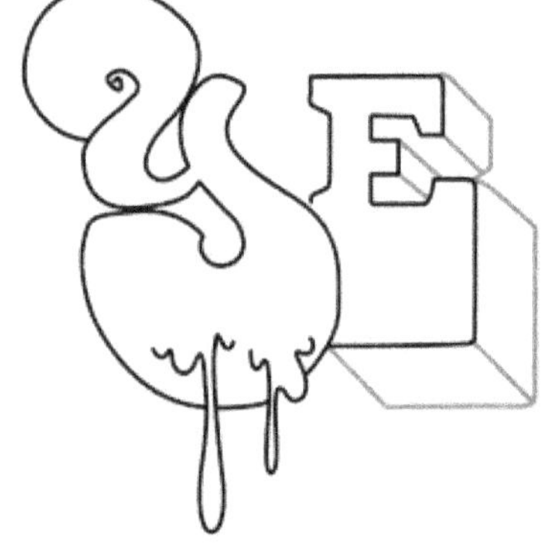

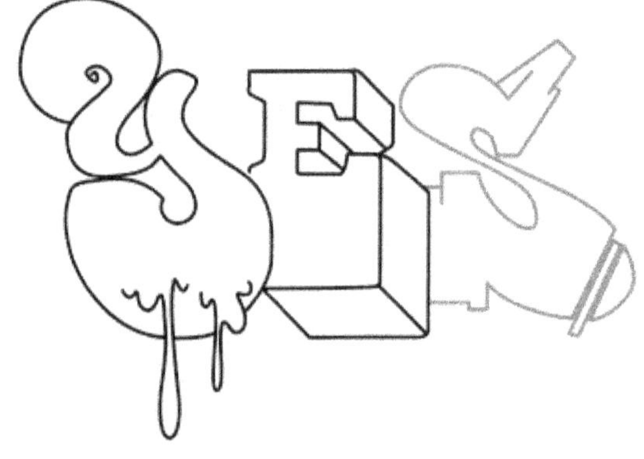

7

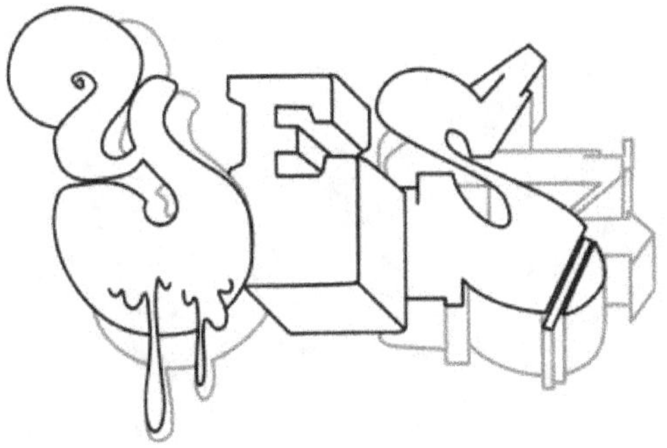

8

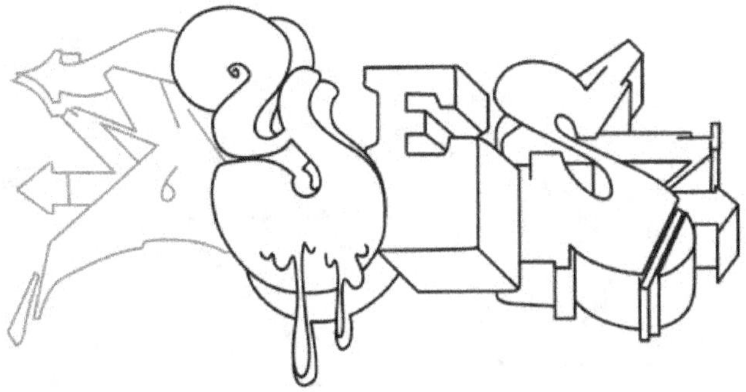

9

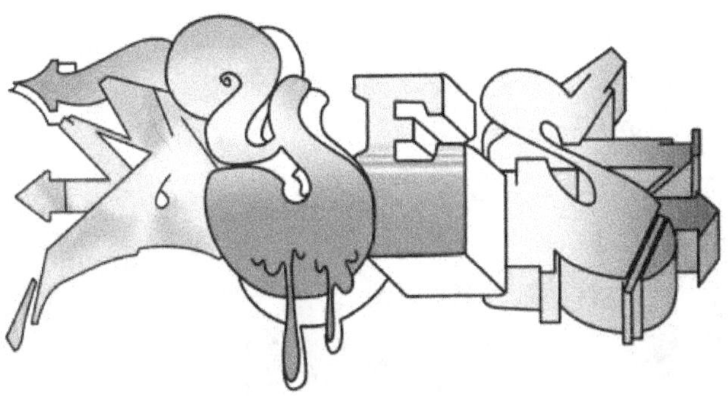

10

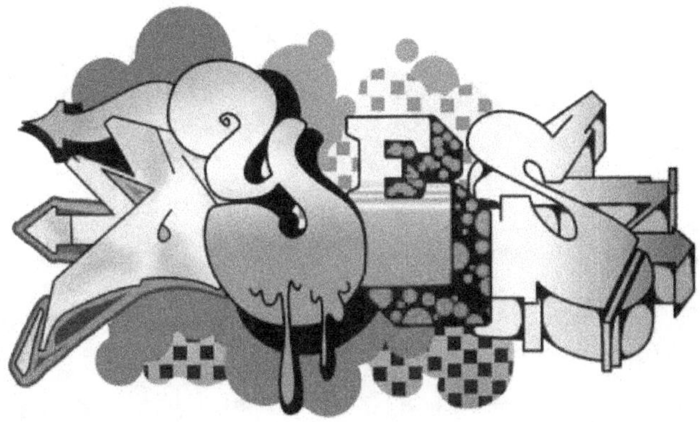

11

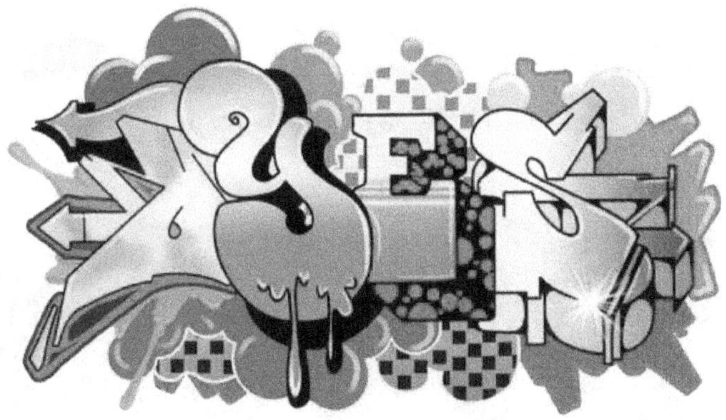

12

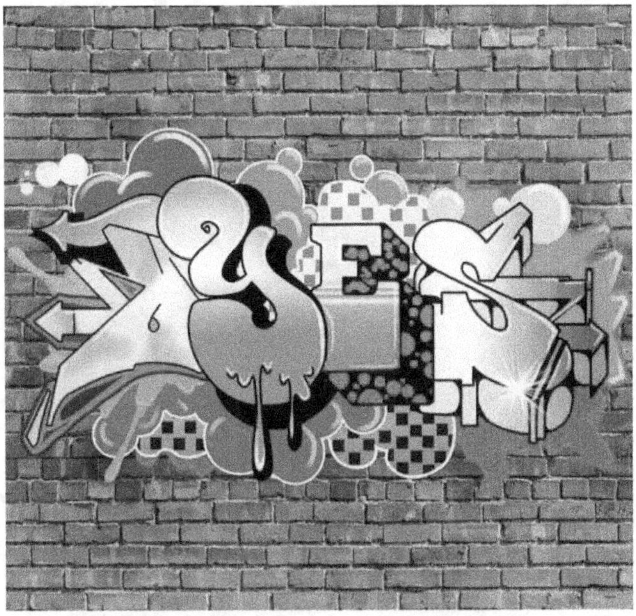

crea la tua arte

1

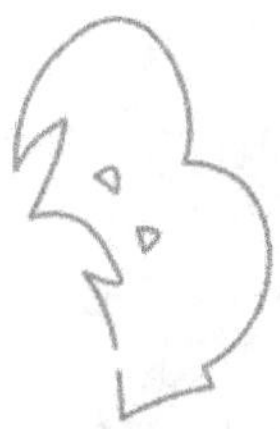

2

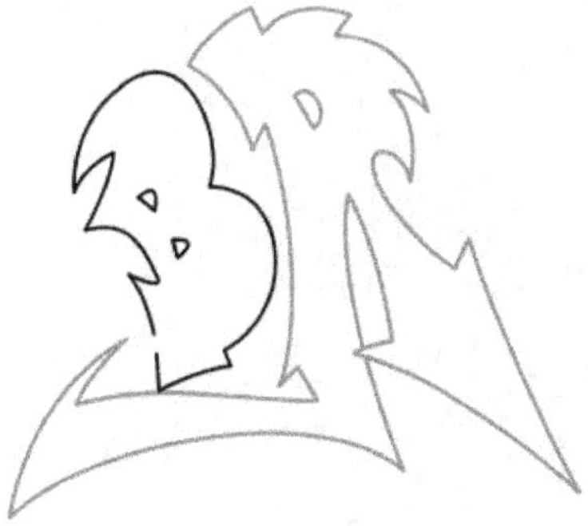

3

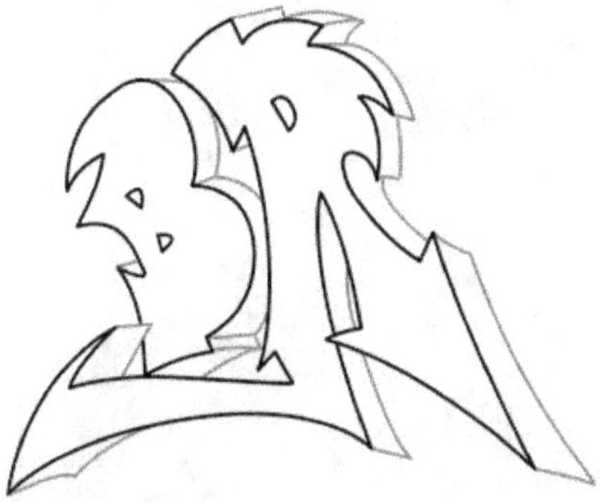

4

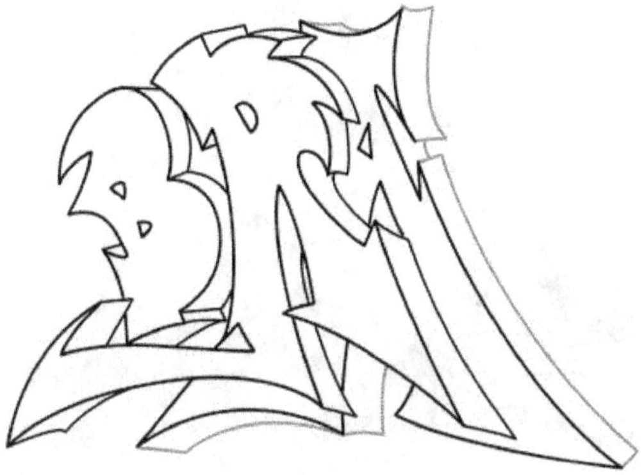

5

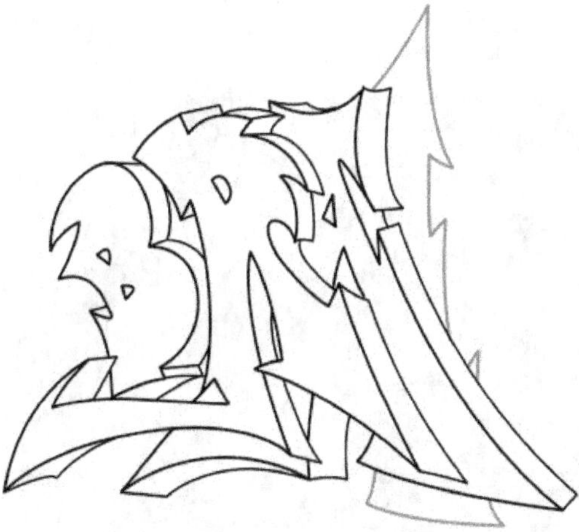

6

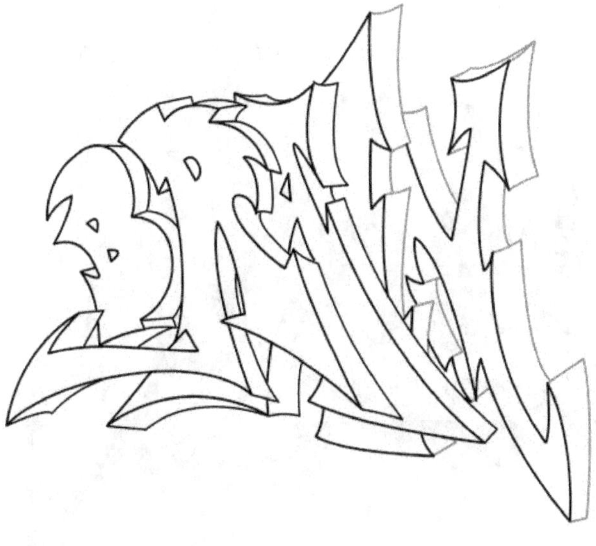

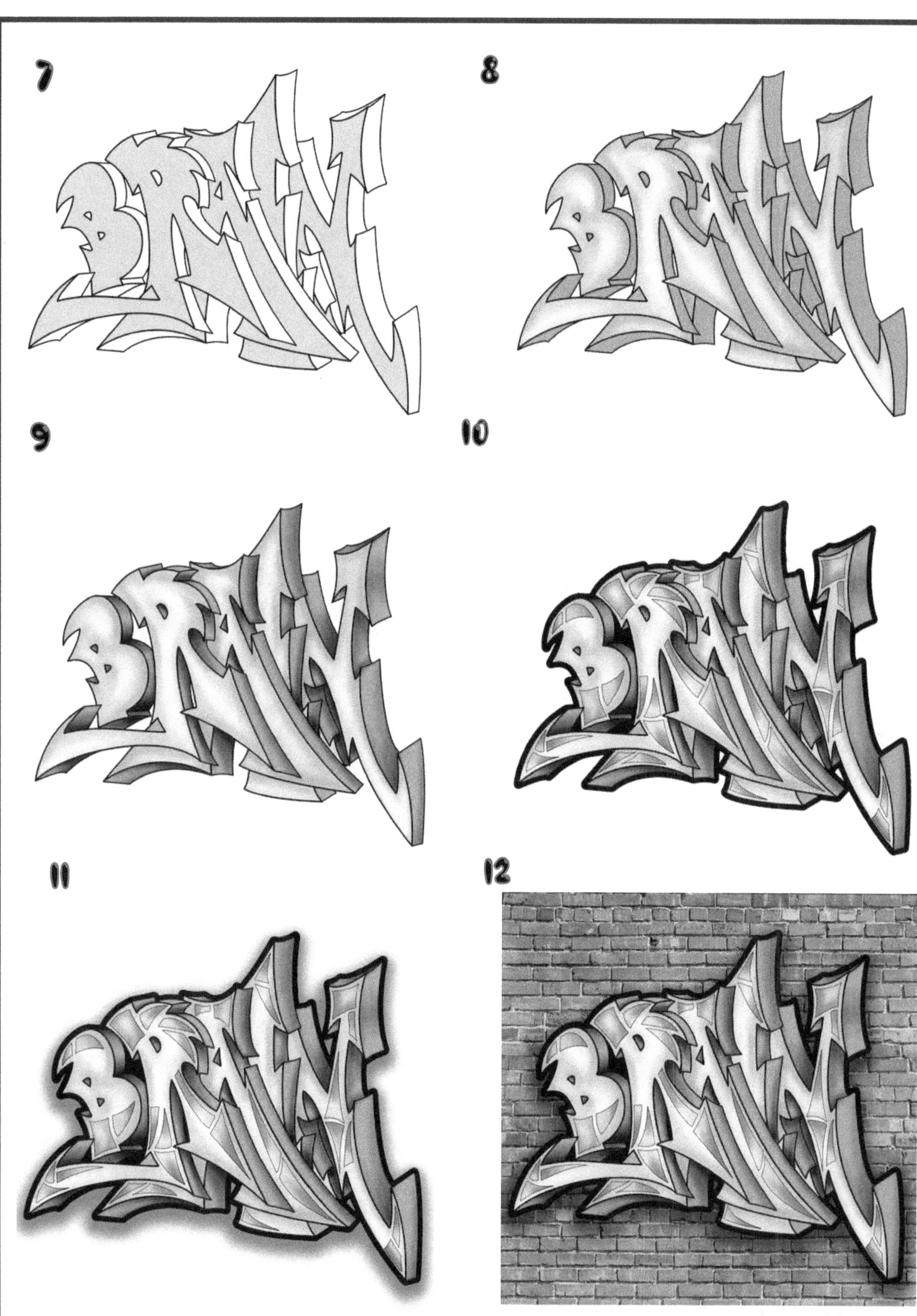

7
8
9
10
11
12

crea la tua arte

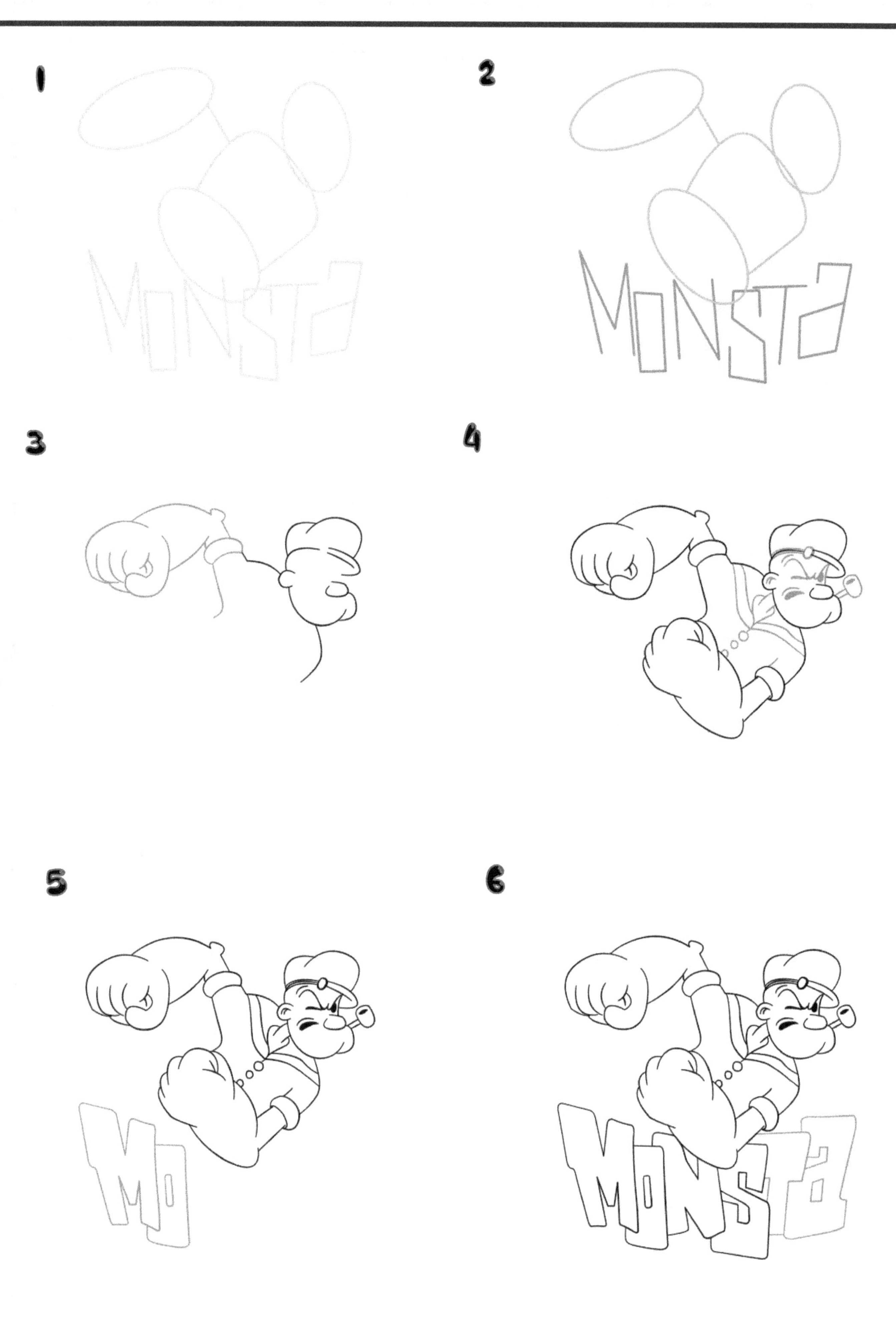

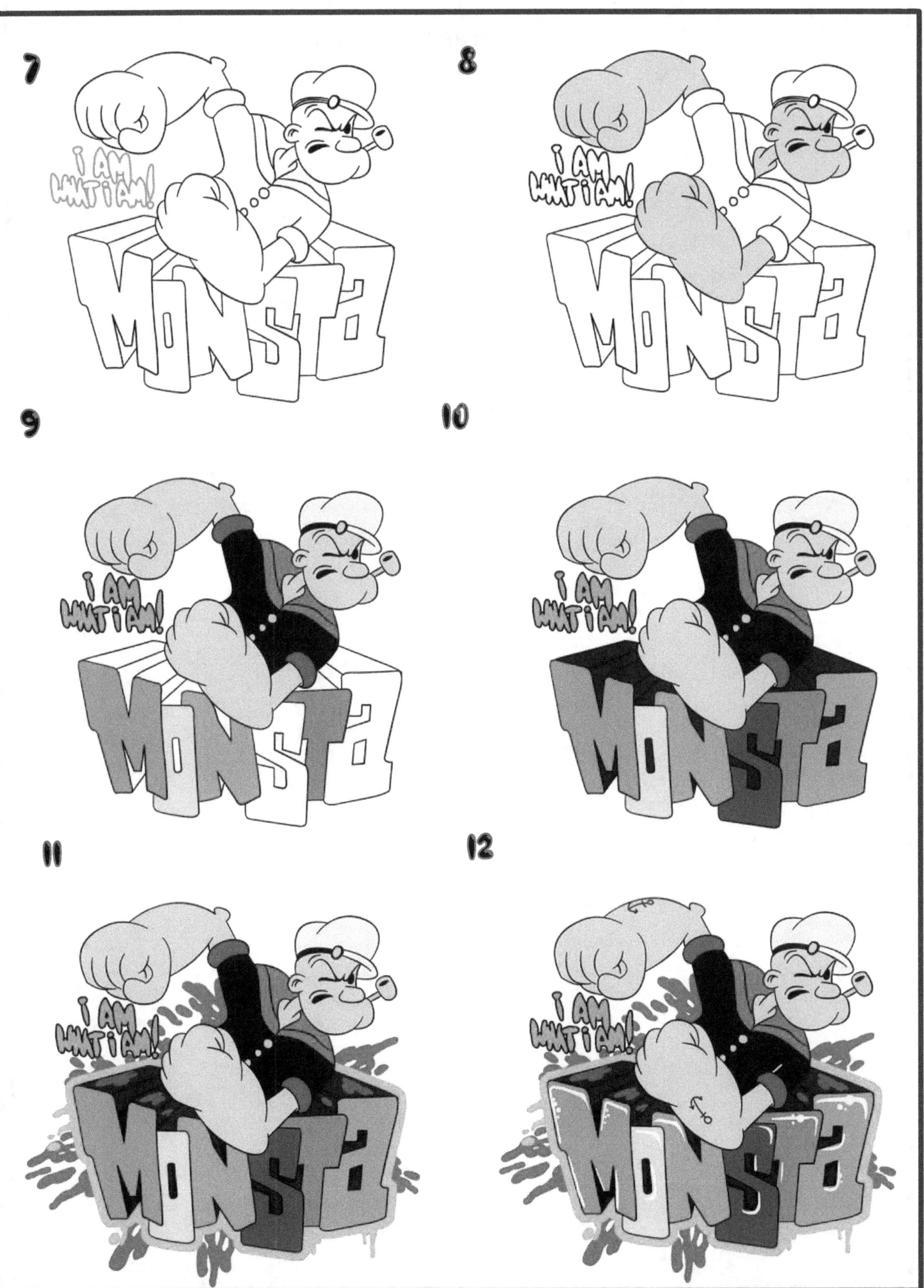
7
8
9
10
11
12
i AM WHAT I AM!
MONSTa

crea la tua arte

1

2

3

4

5

6

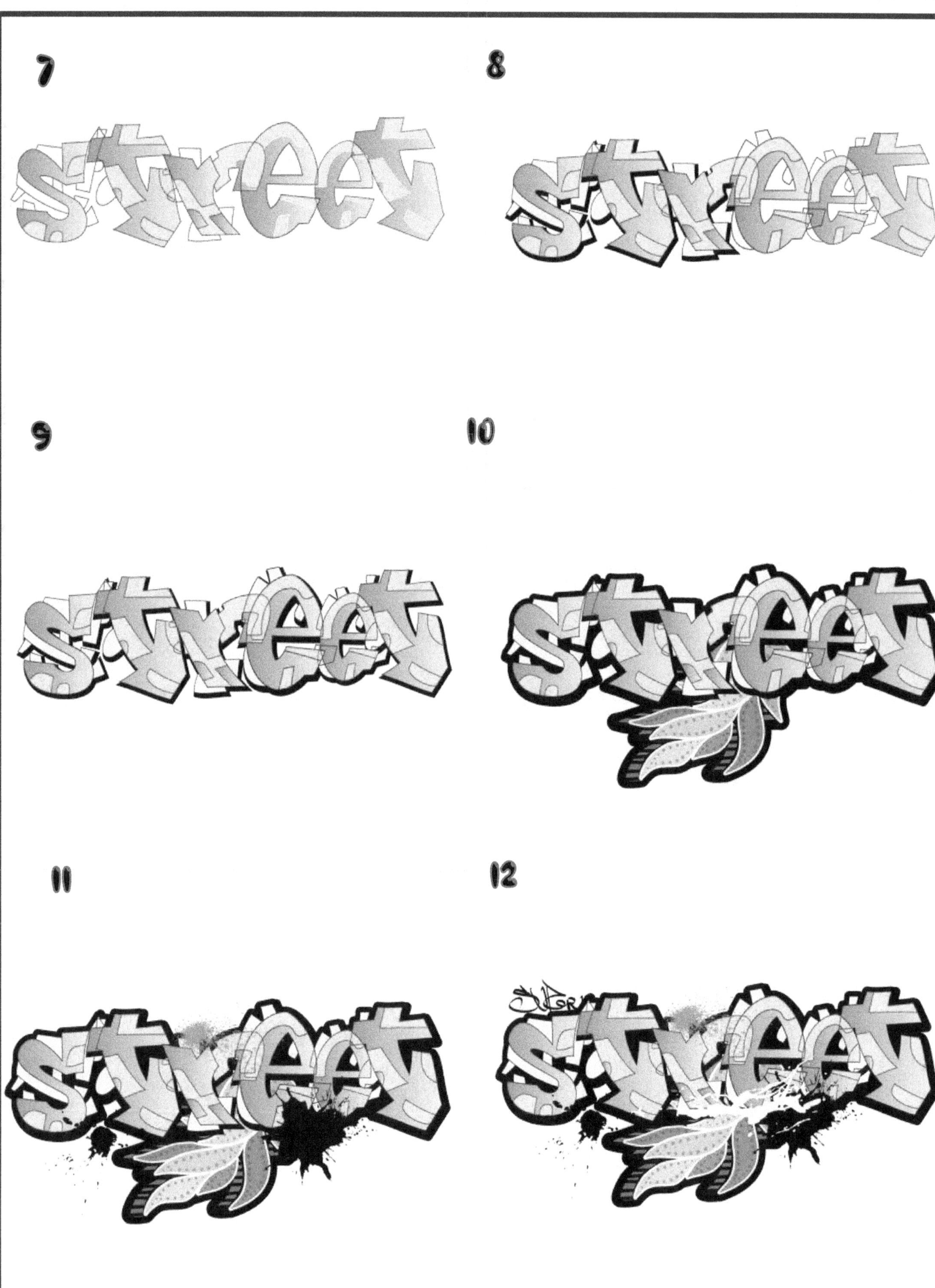

7
8
9
10
11
12

crea la tua arte

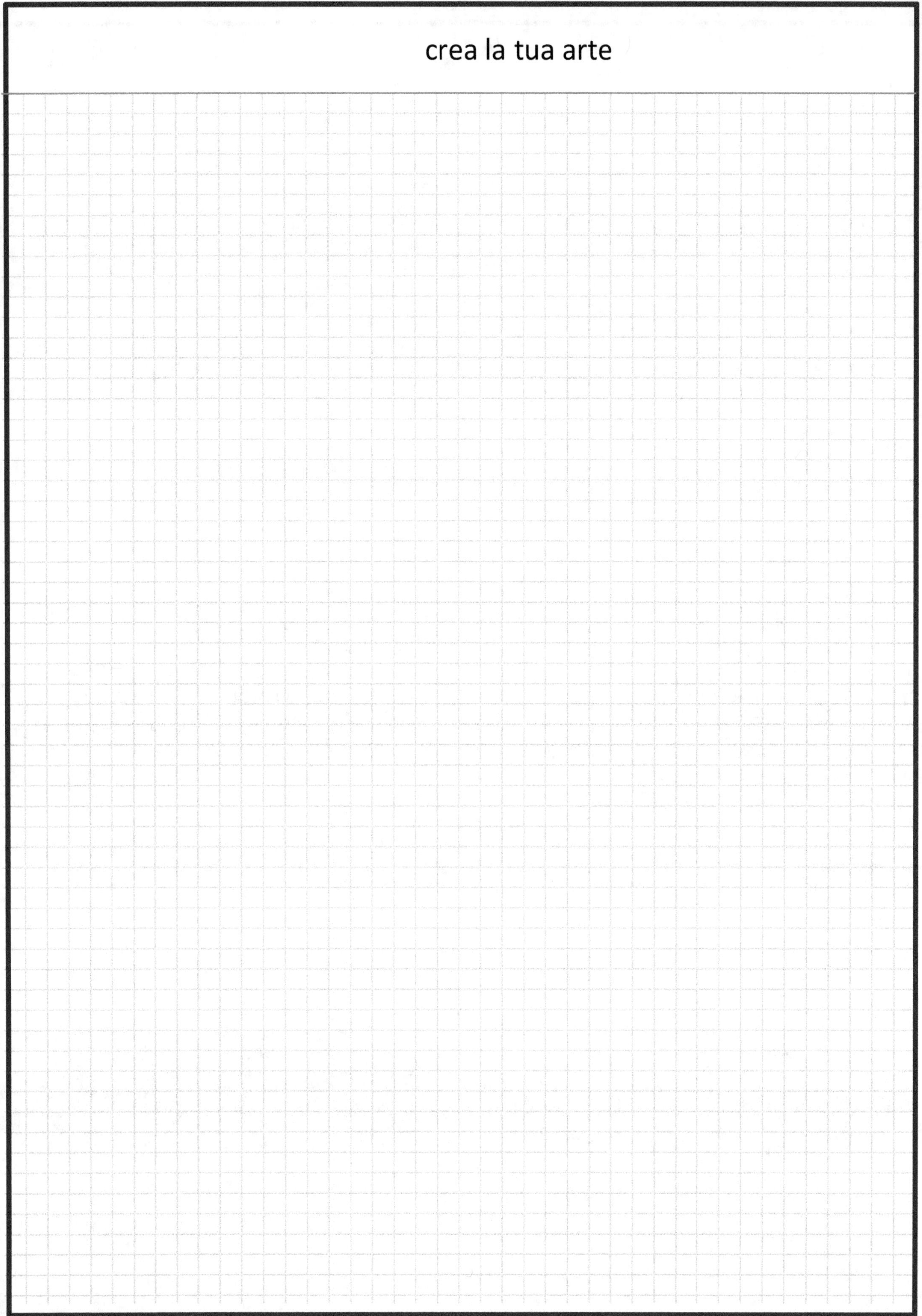

1

2

3

4

5

6

7

8

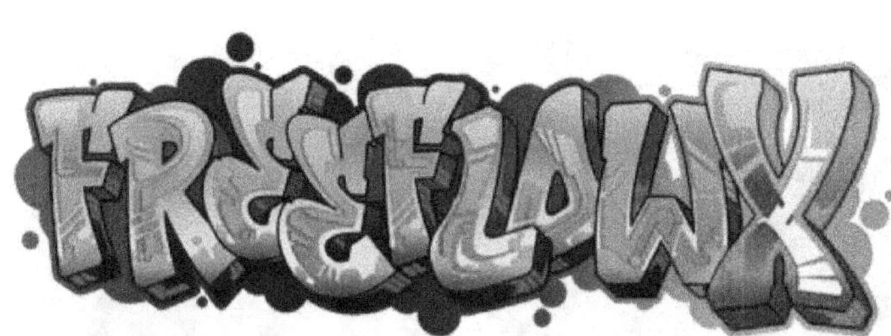

9

10

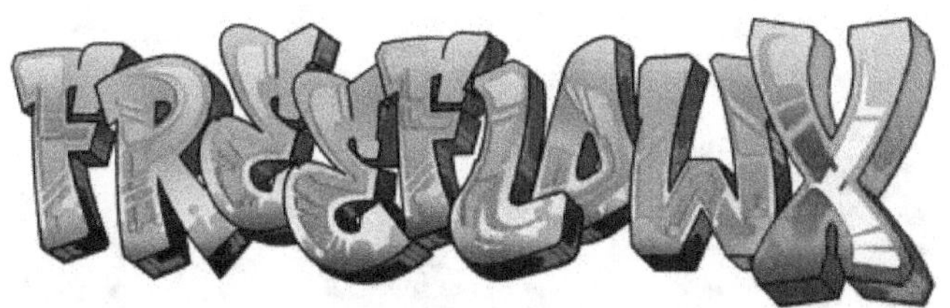

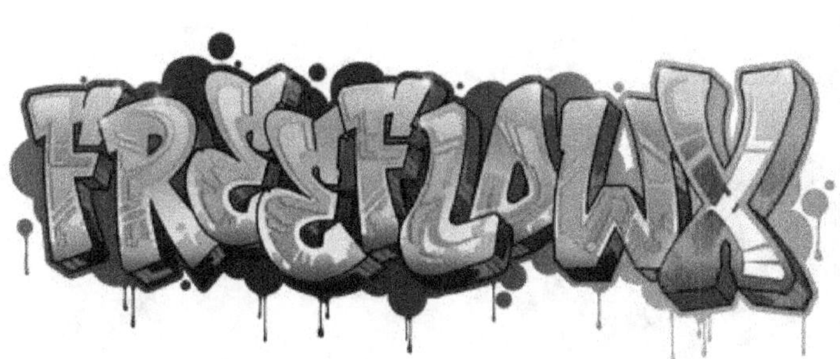

11

12

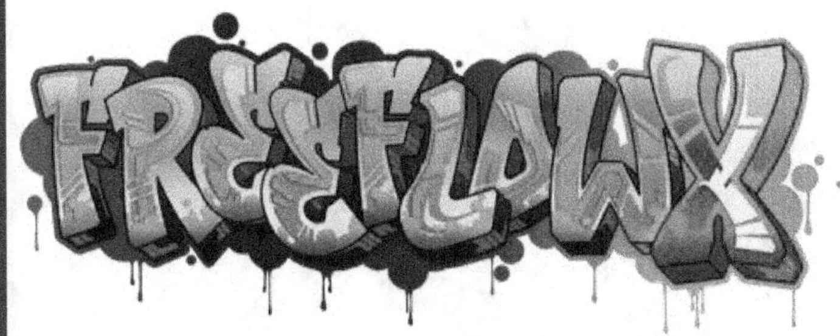

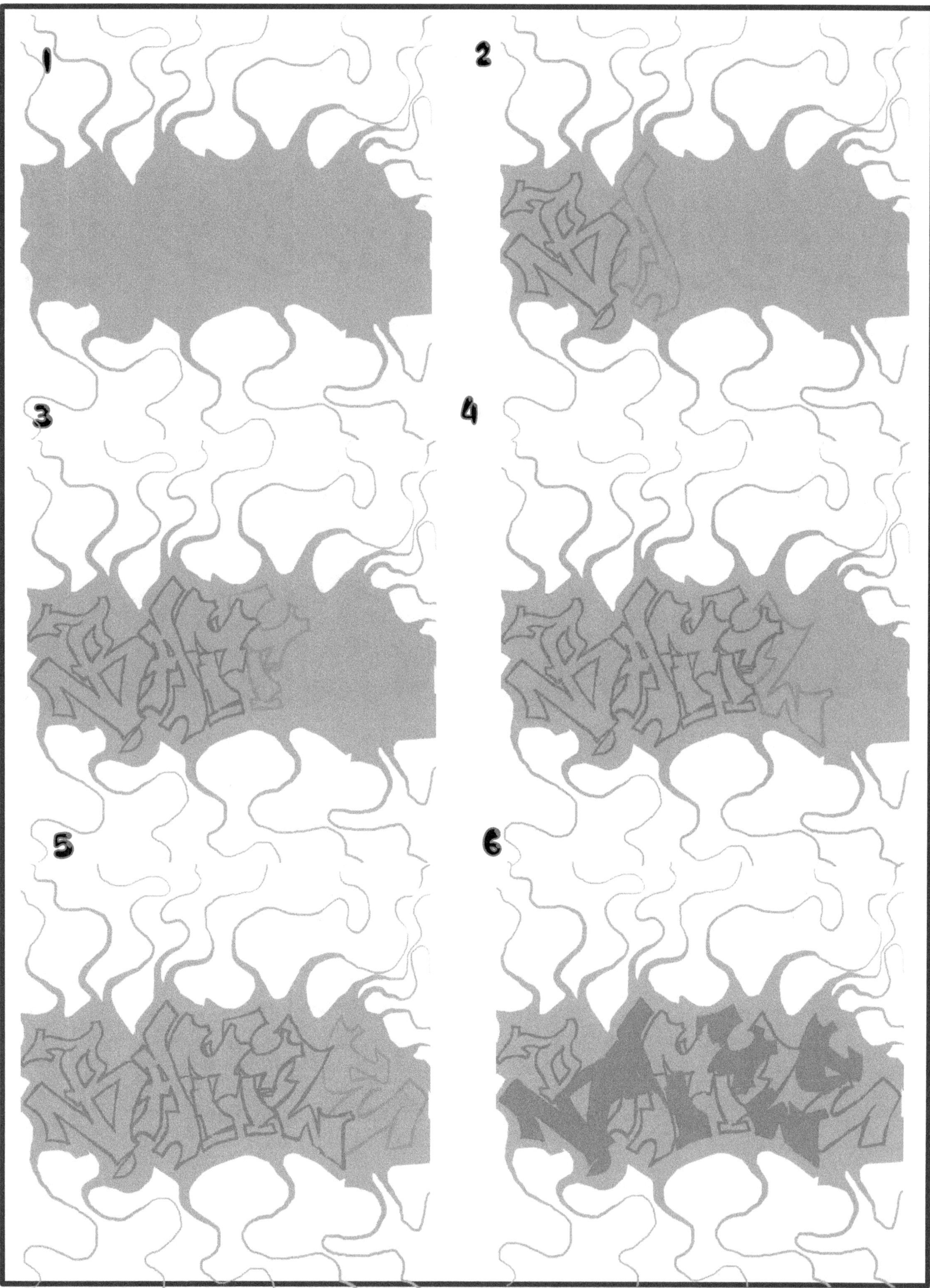

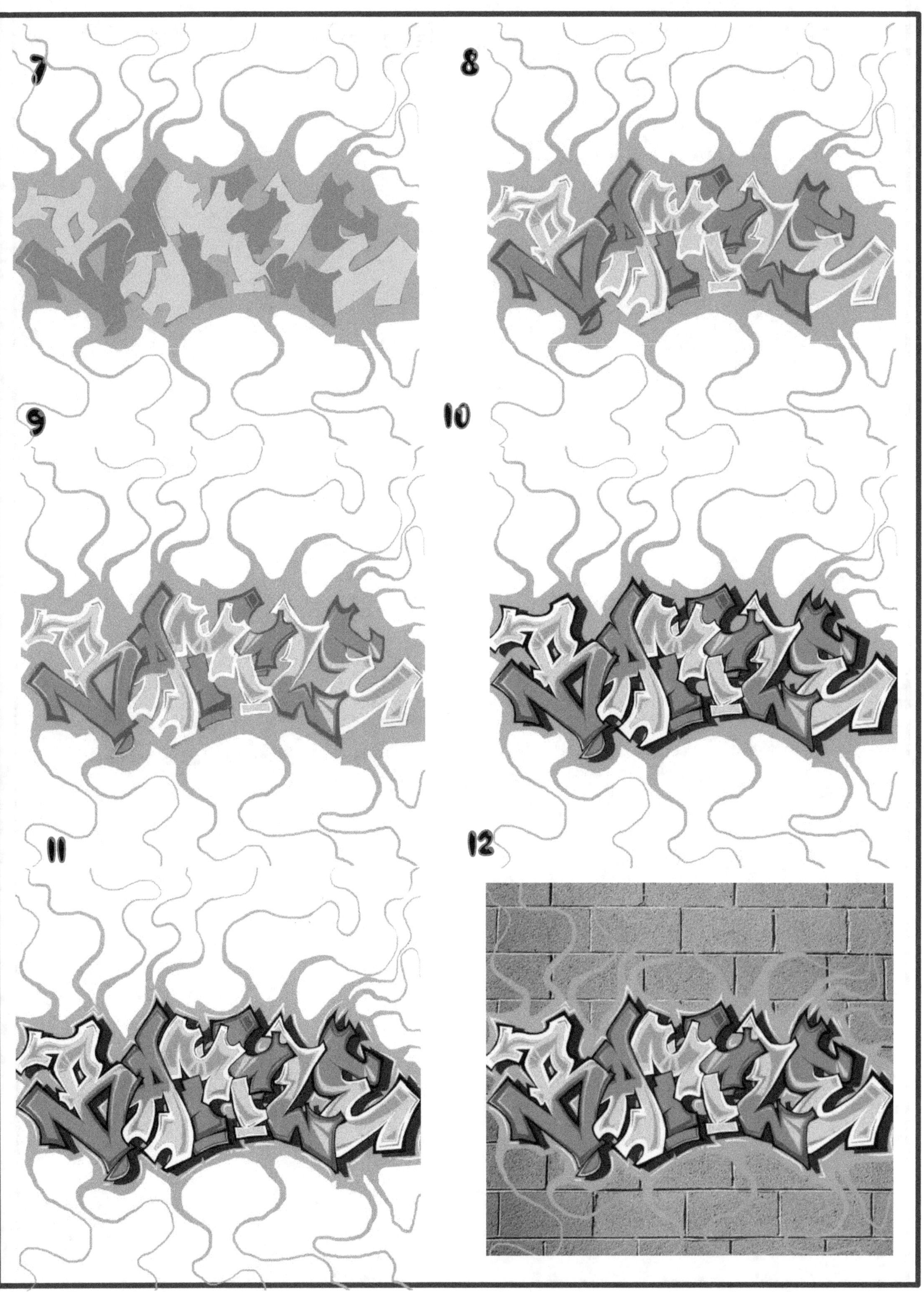

crea la tua arte

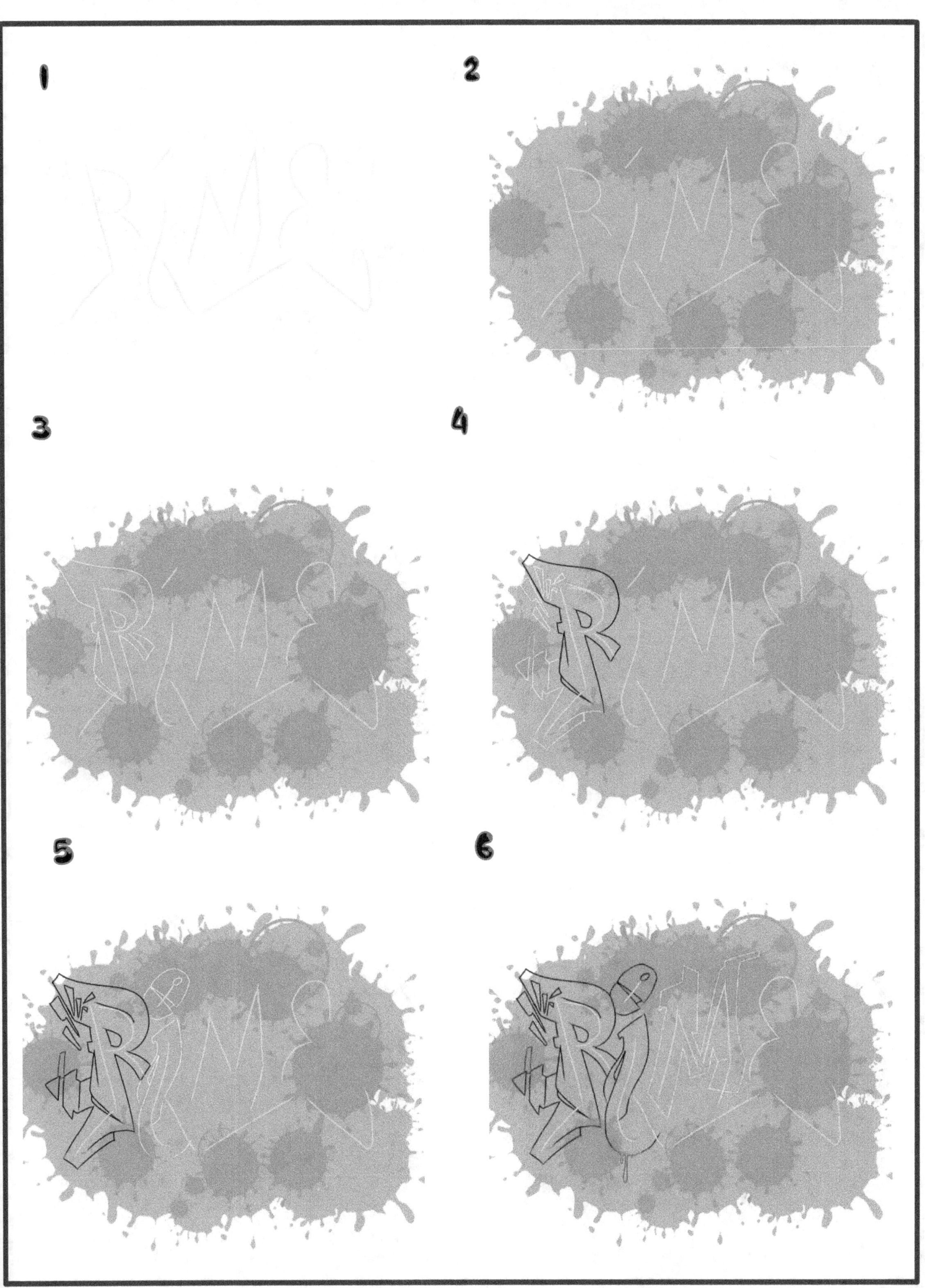

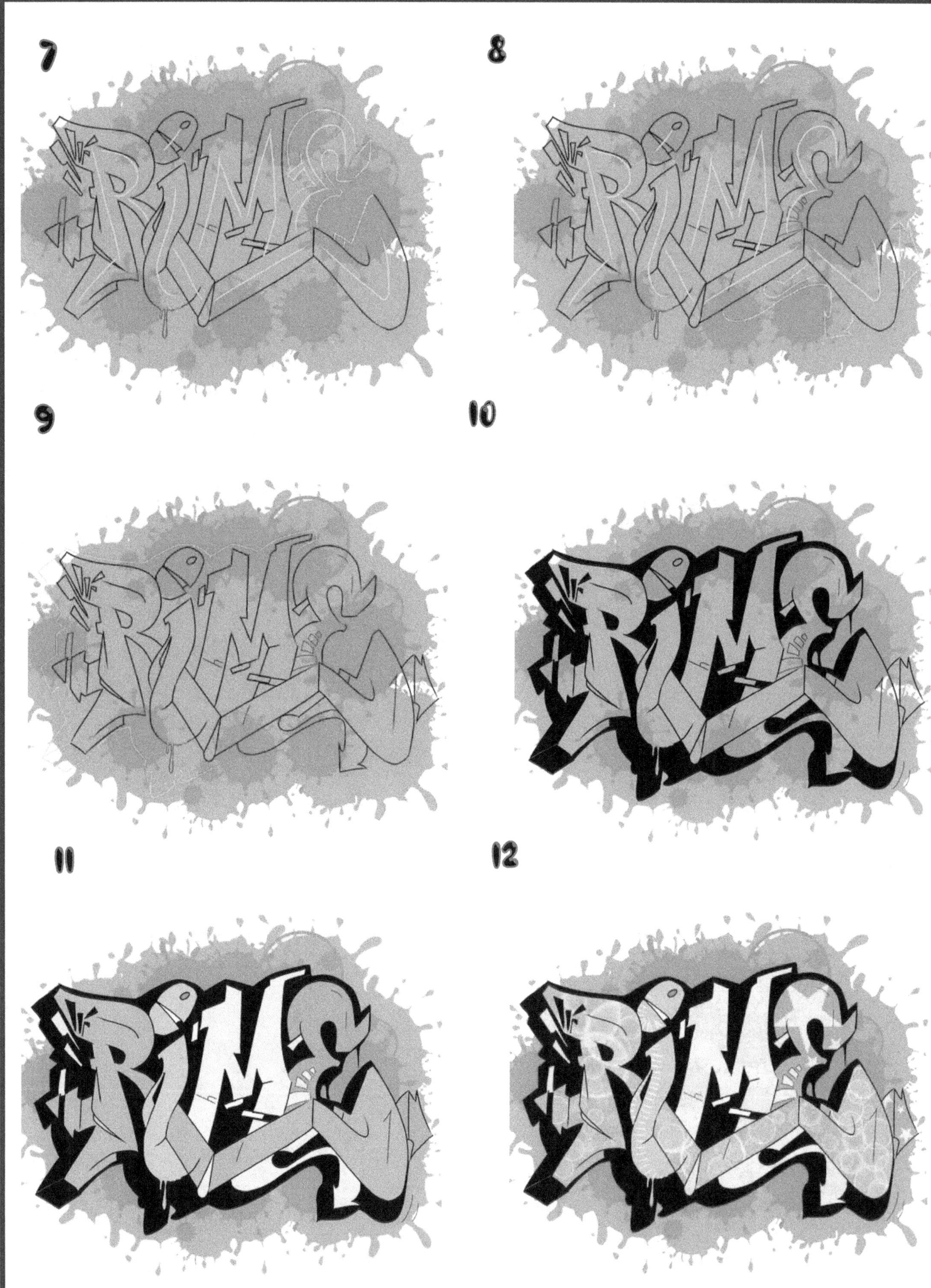
7
8
9
10
11
12

crea la tua arte

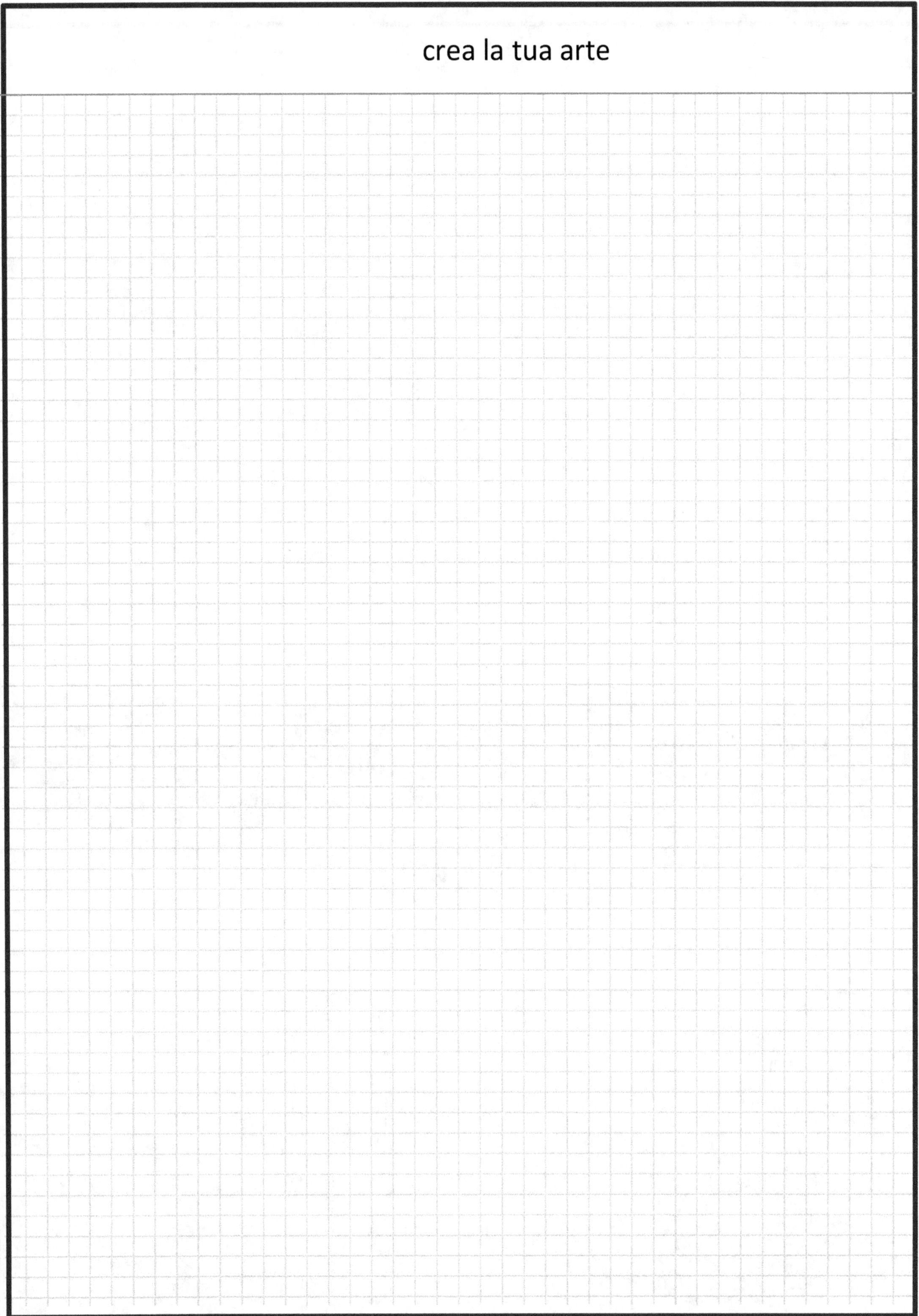

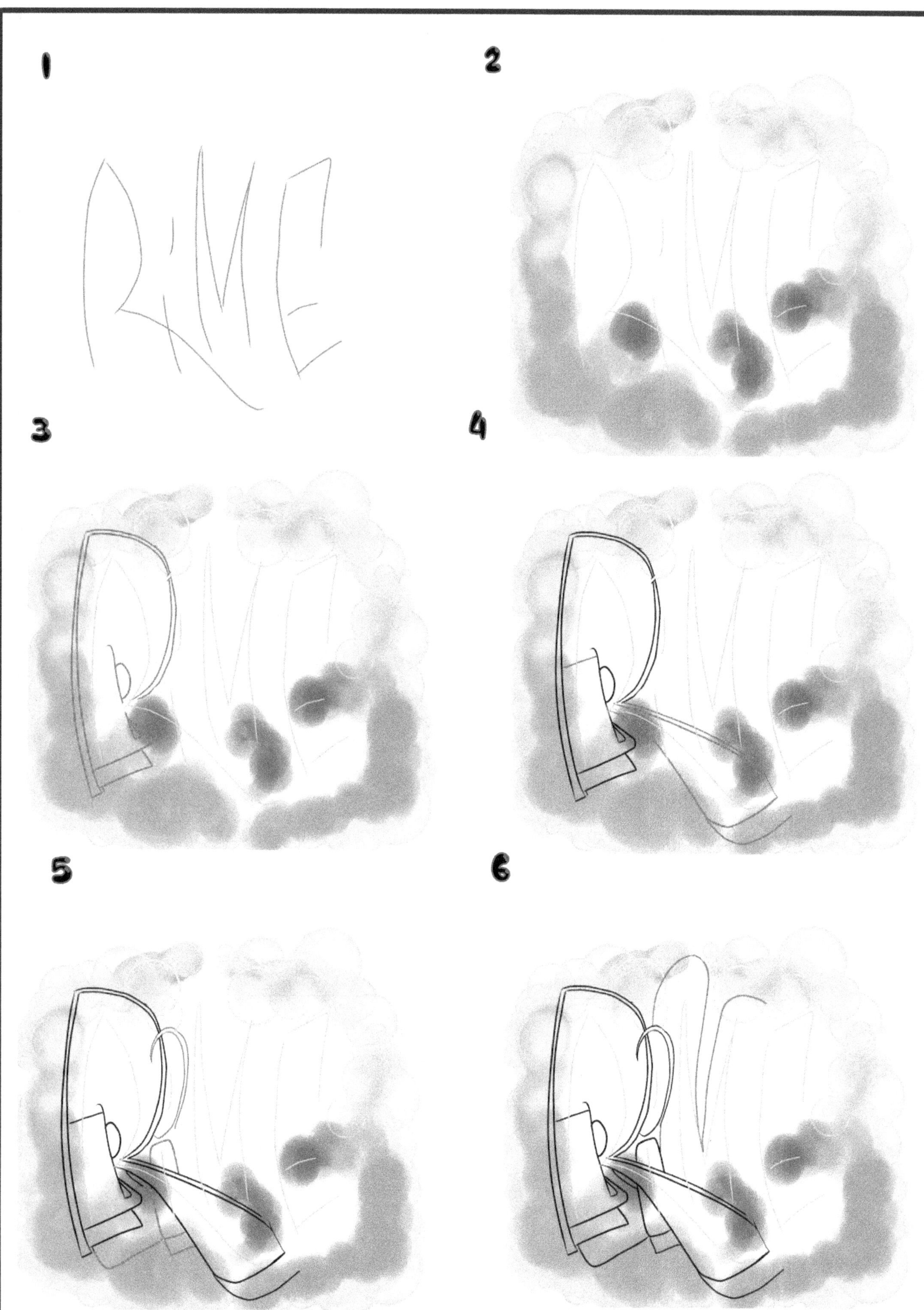

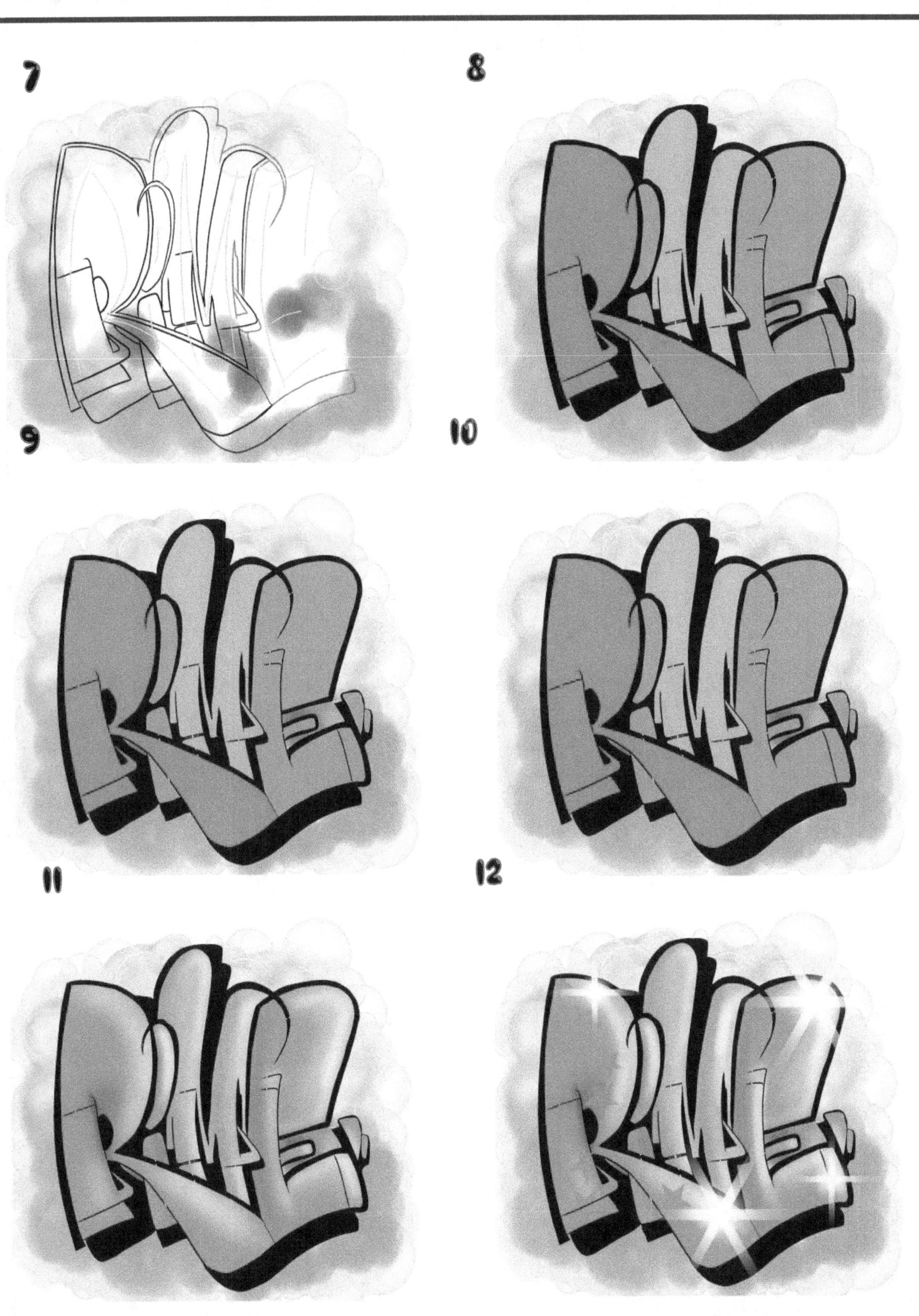

7
8
9
10
11
12

crea la tua arte

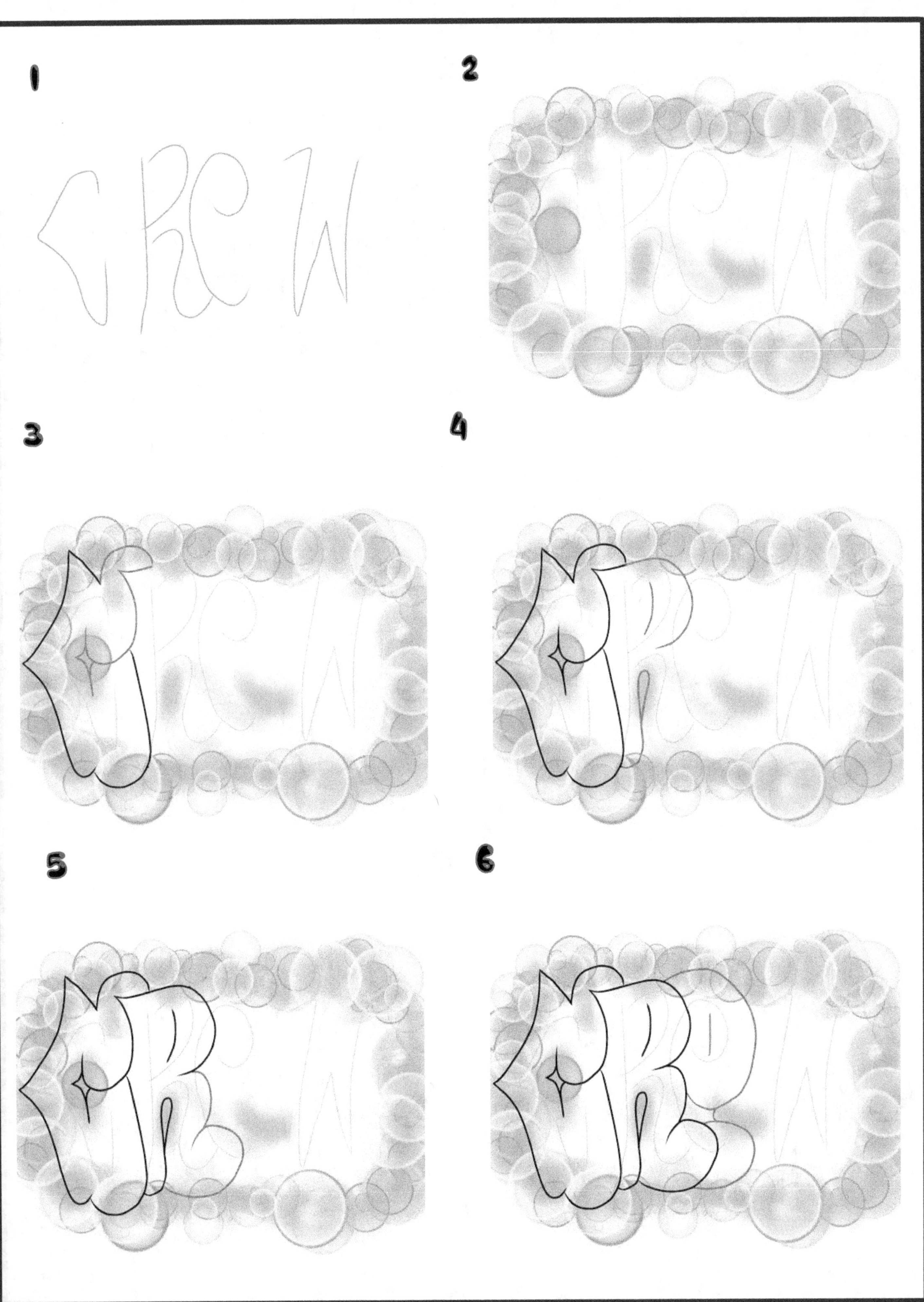

1
2
3
4
5
6

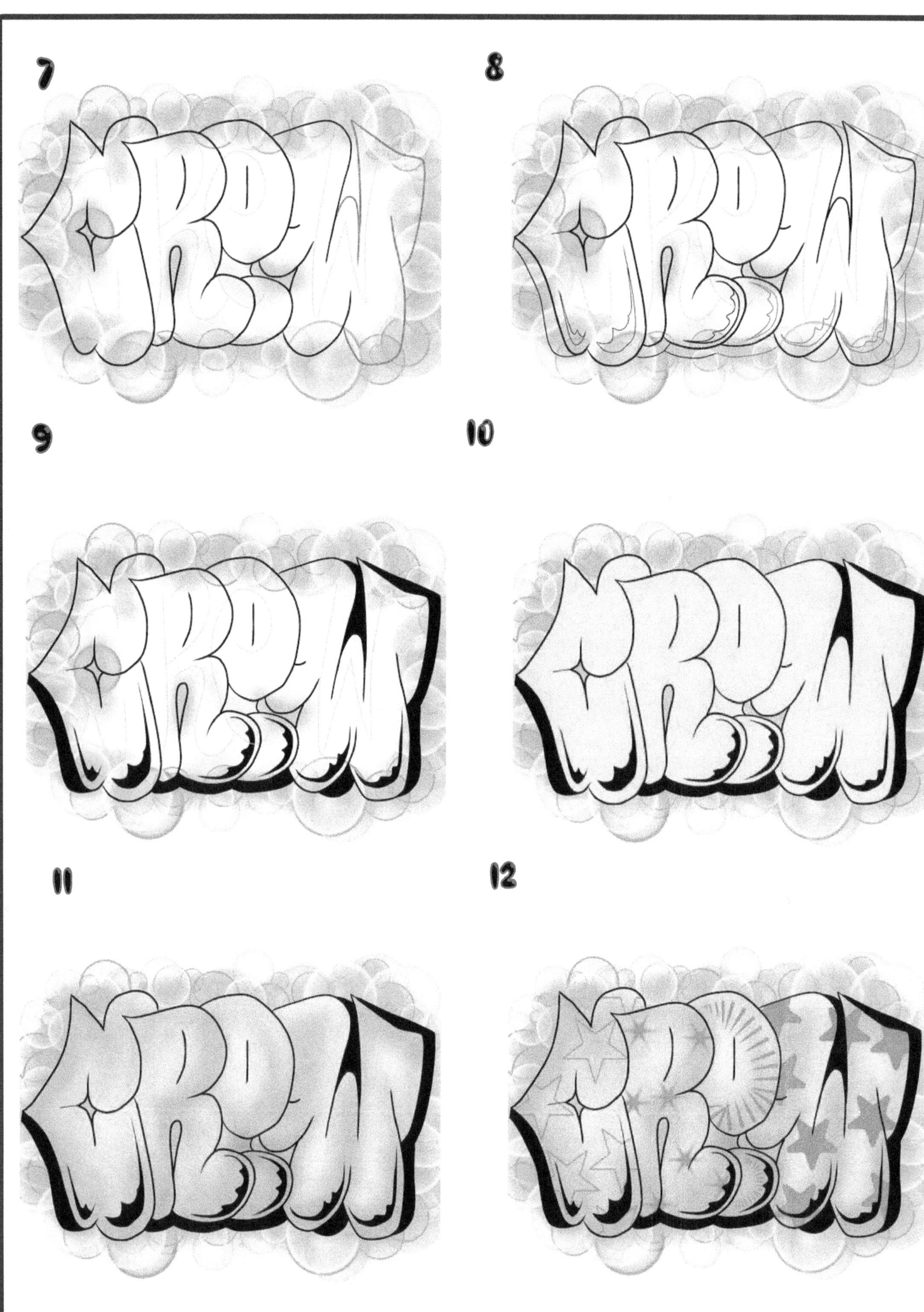
7
8
9
10
11
12

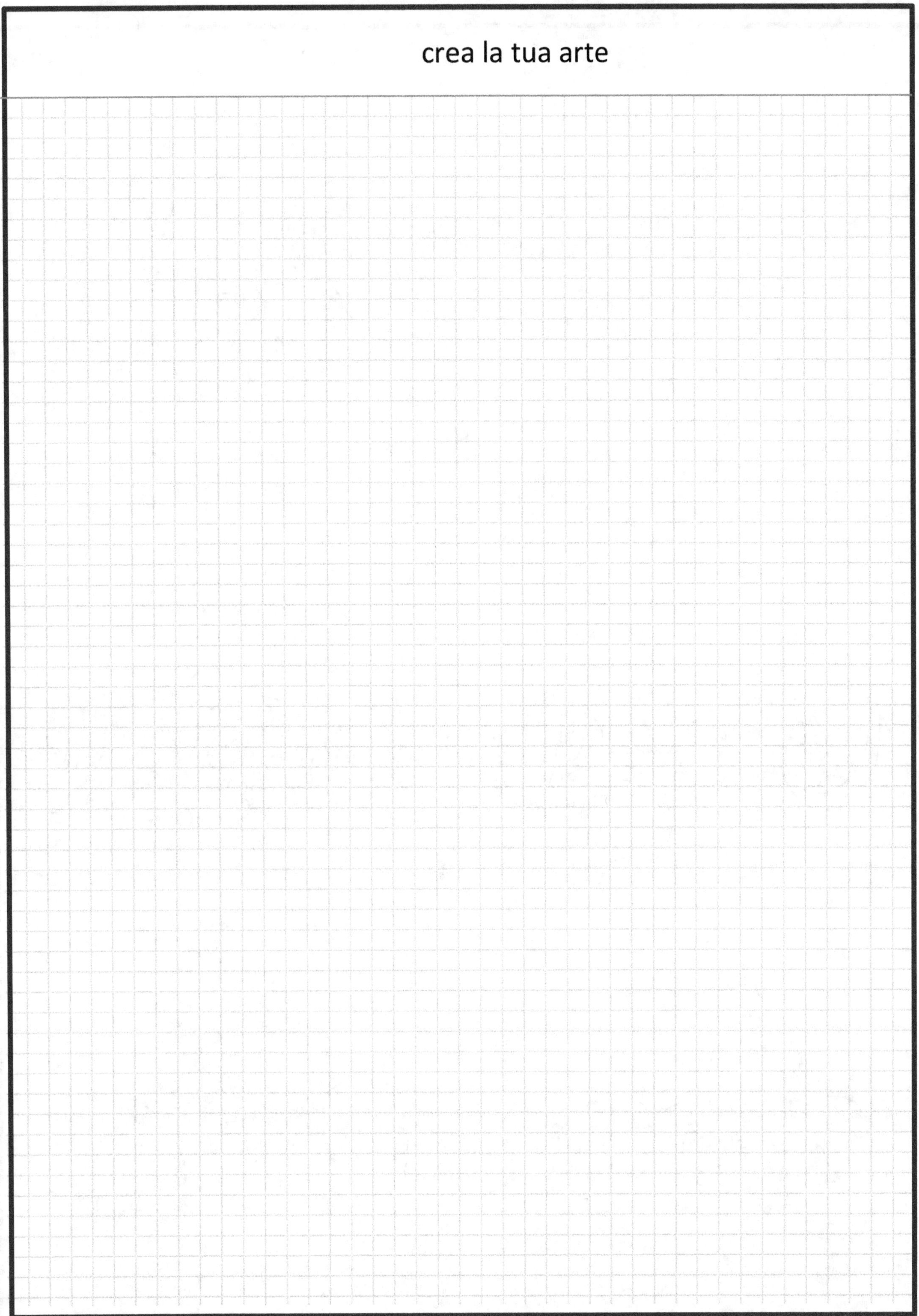

crea la tua arte

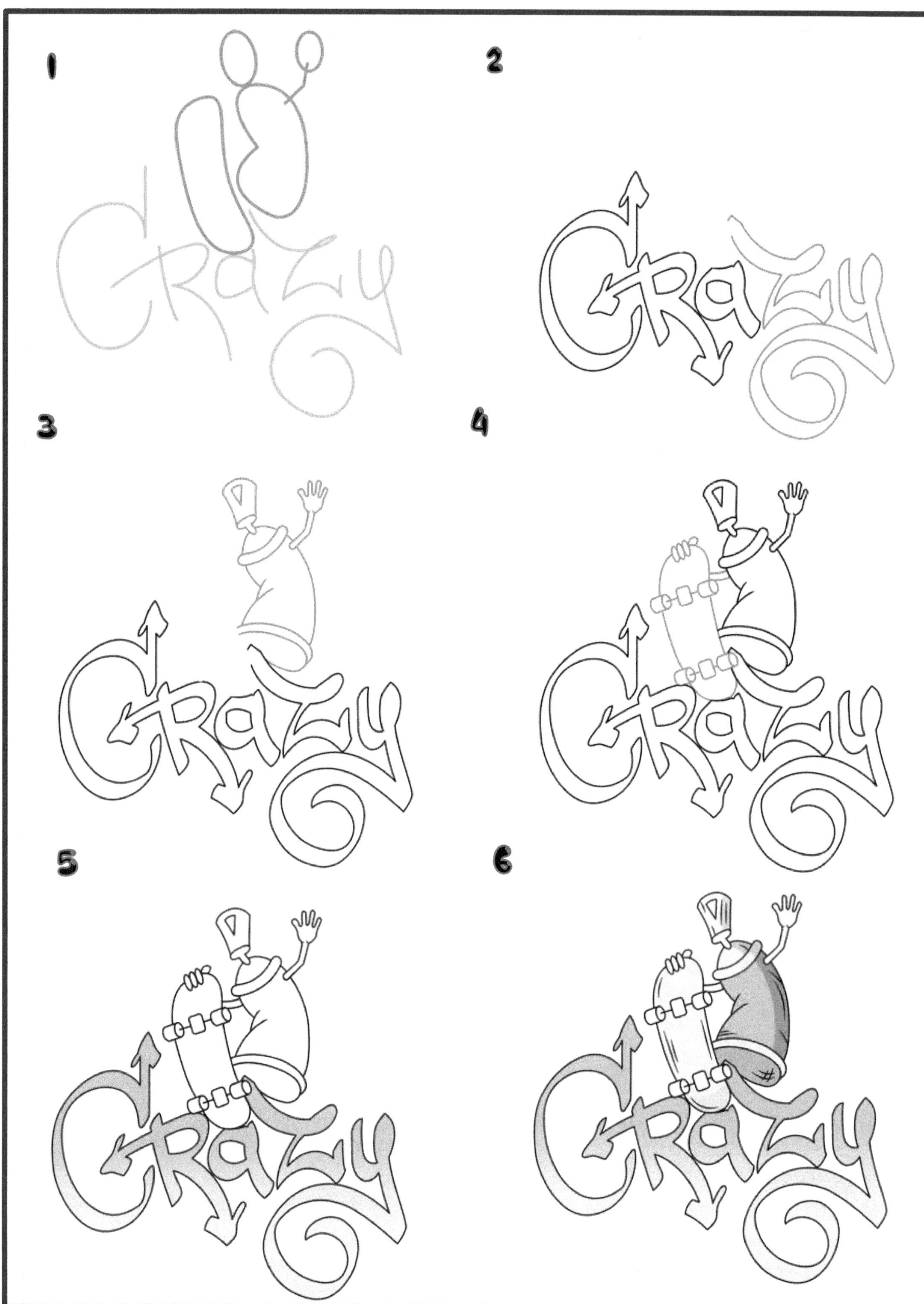
1
2
3
4
5
6

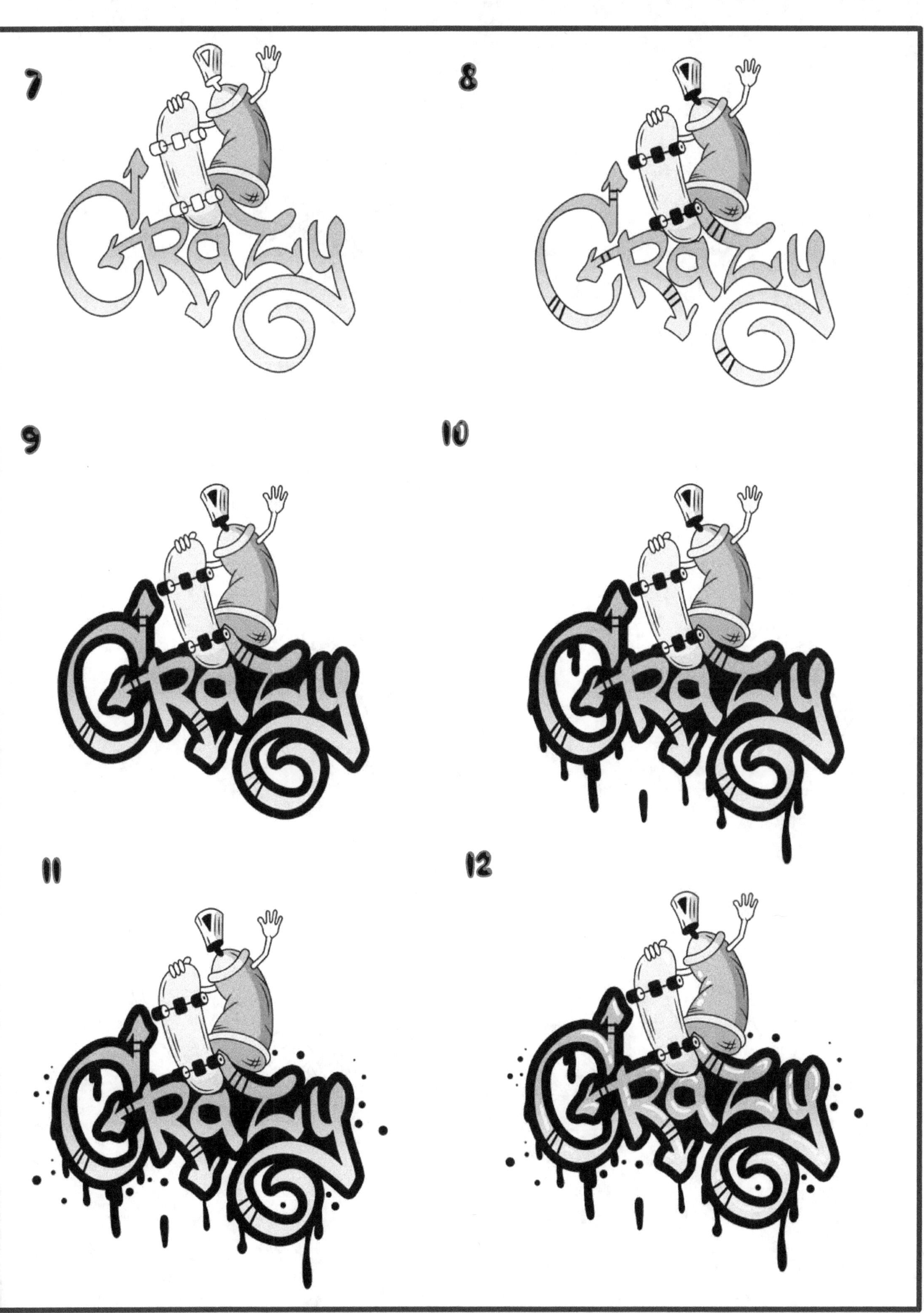
7
8
9
10
11
12

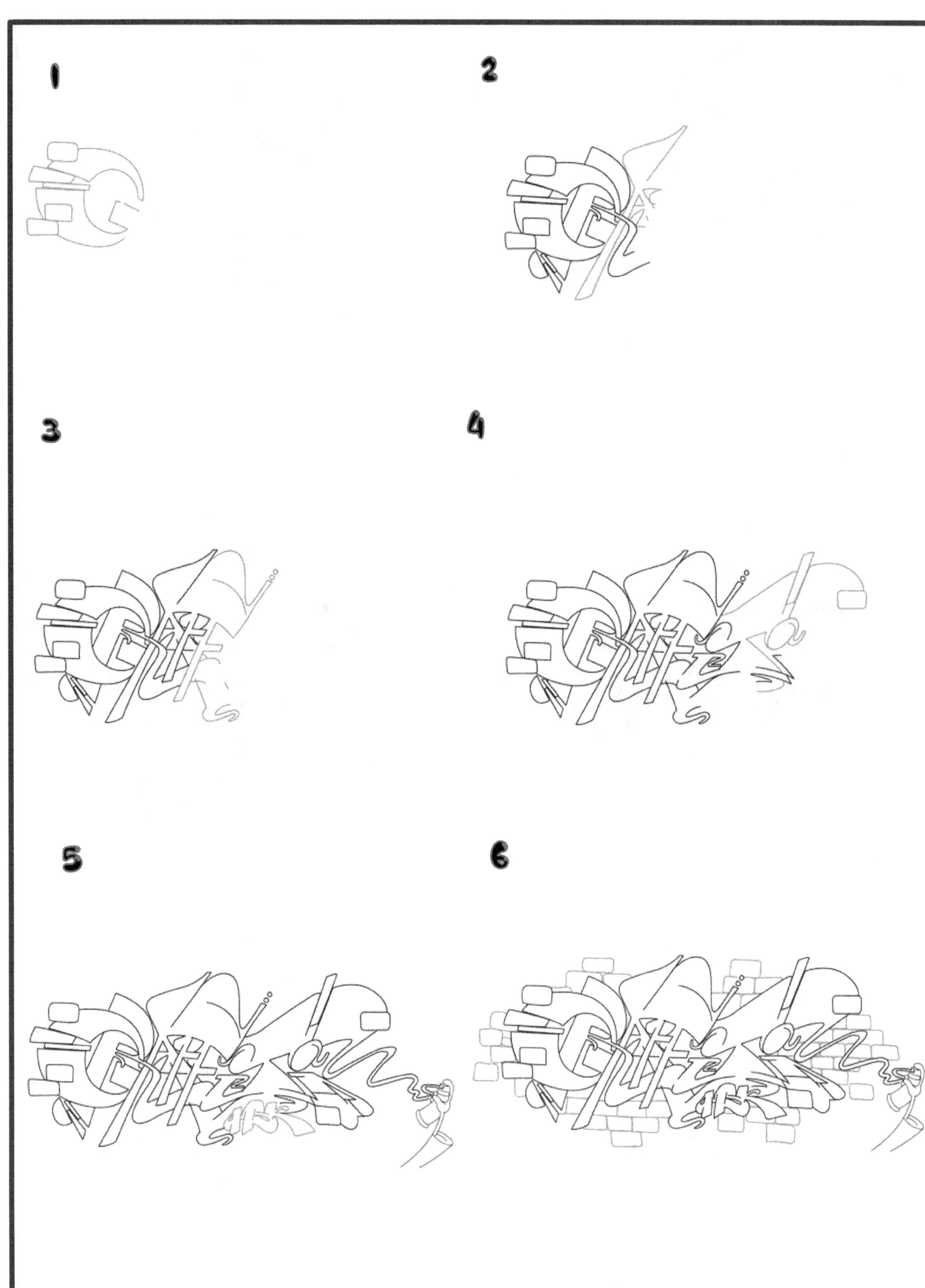

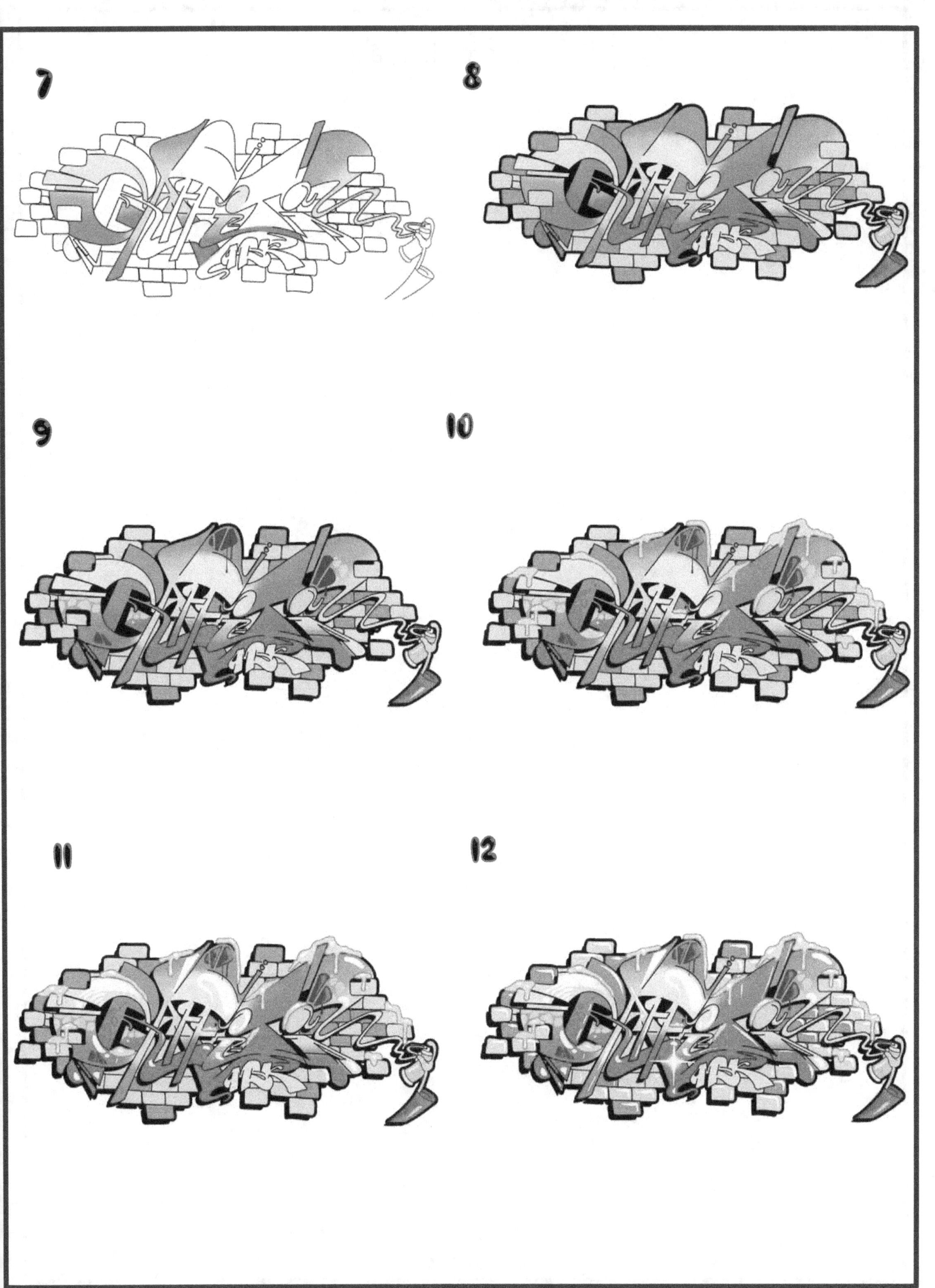

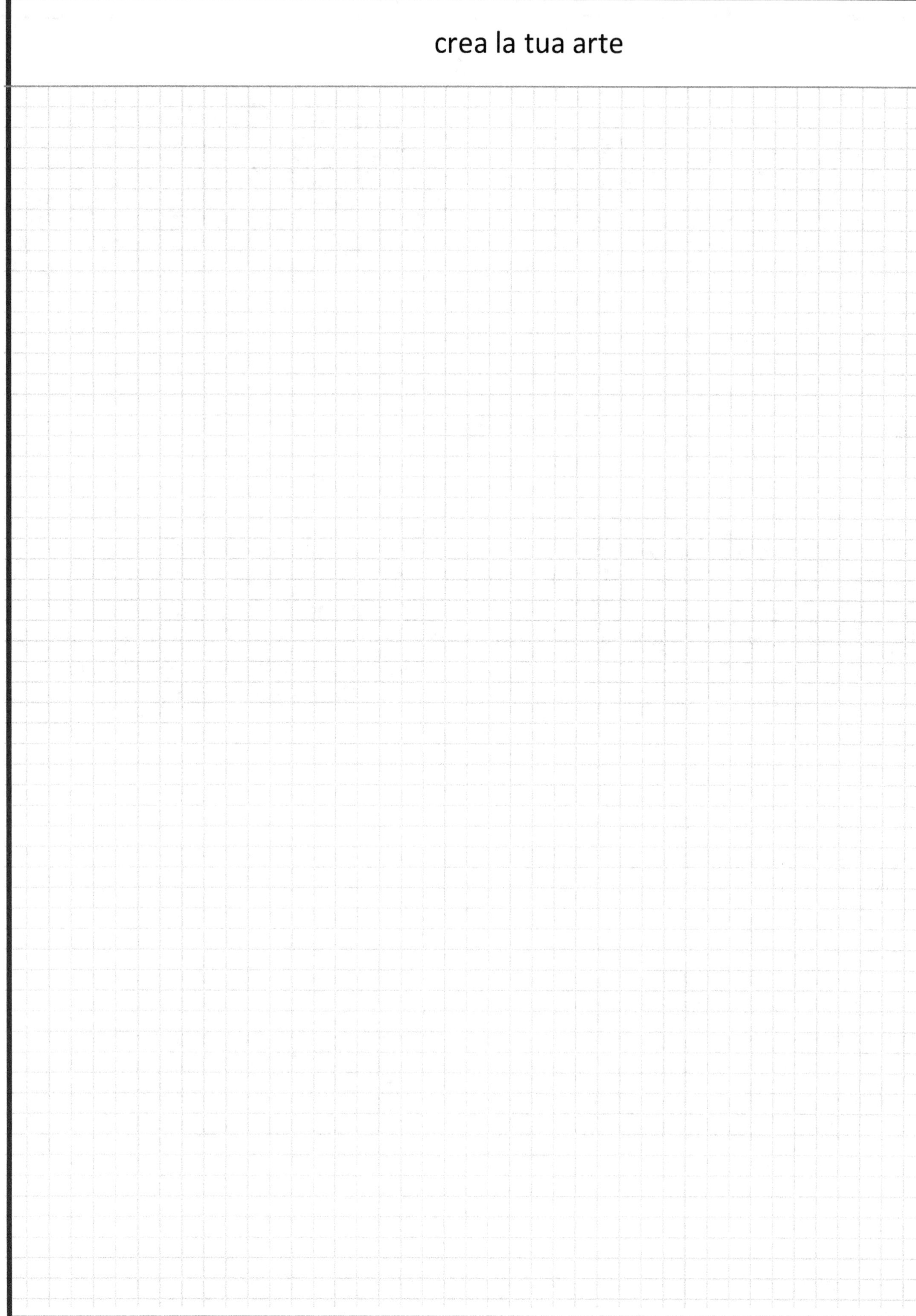

crea la tua arte

1

URBANIA

2

3

4

5

6

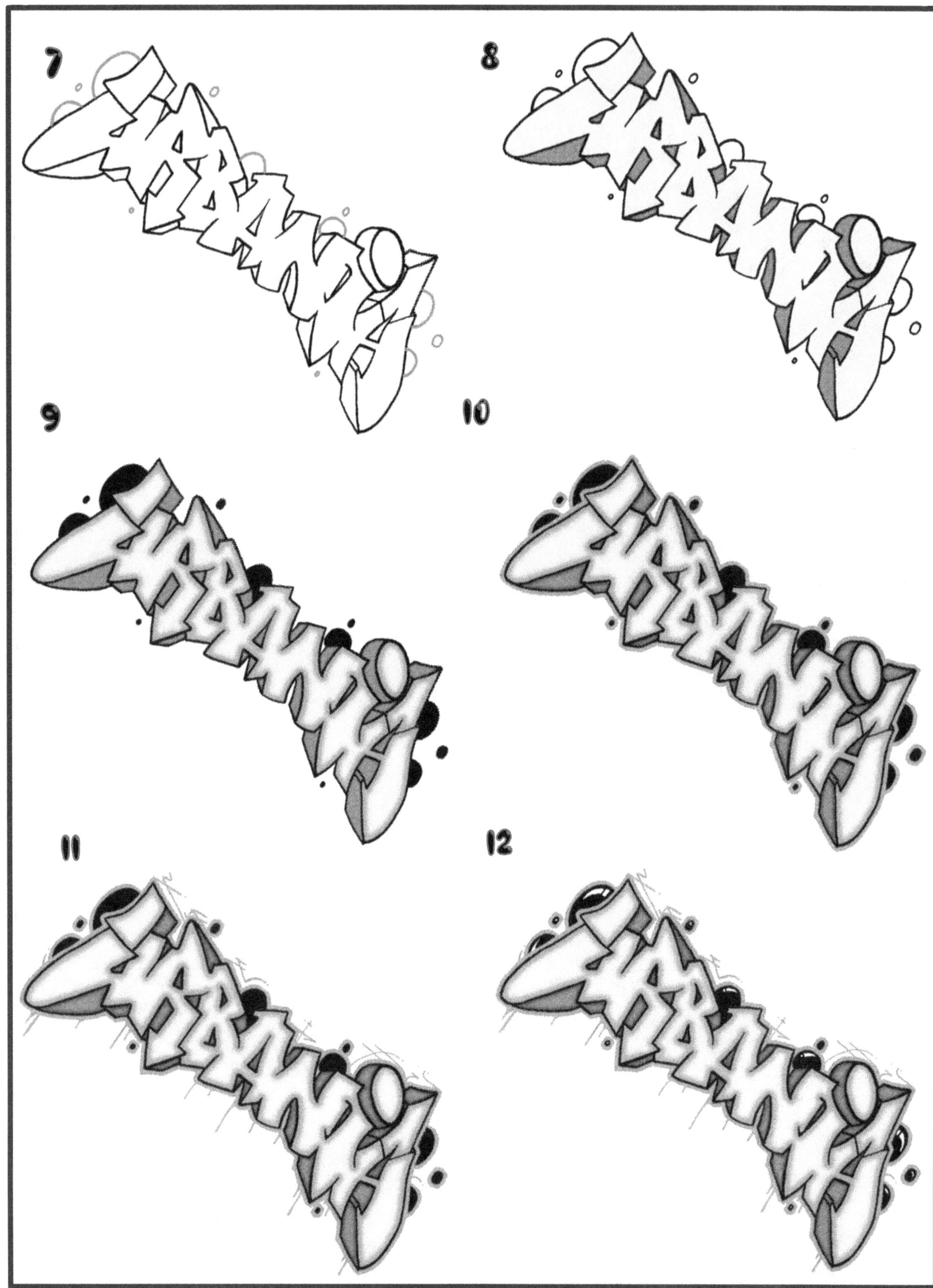

7
8
9
10
11
12

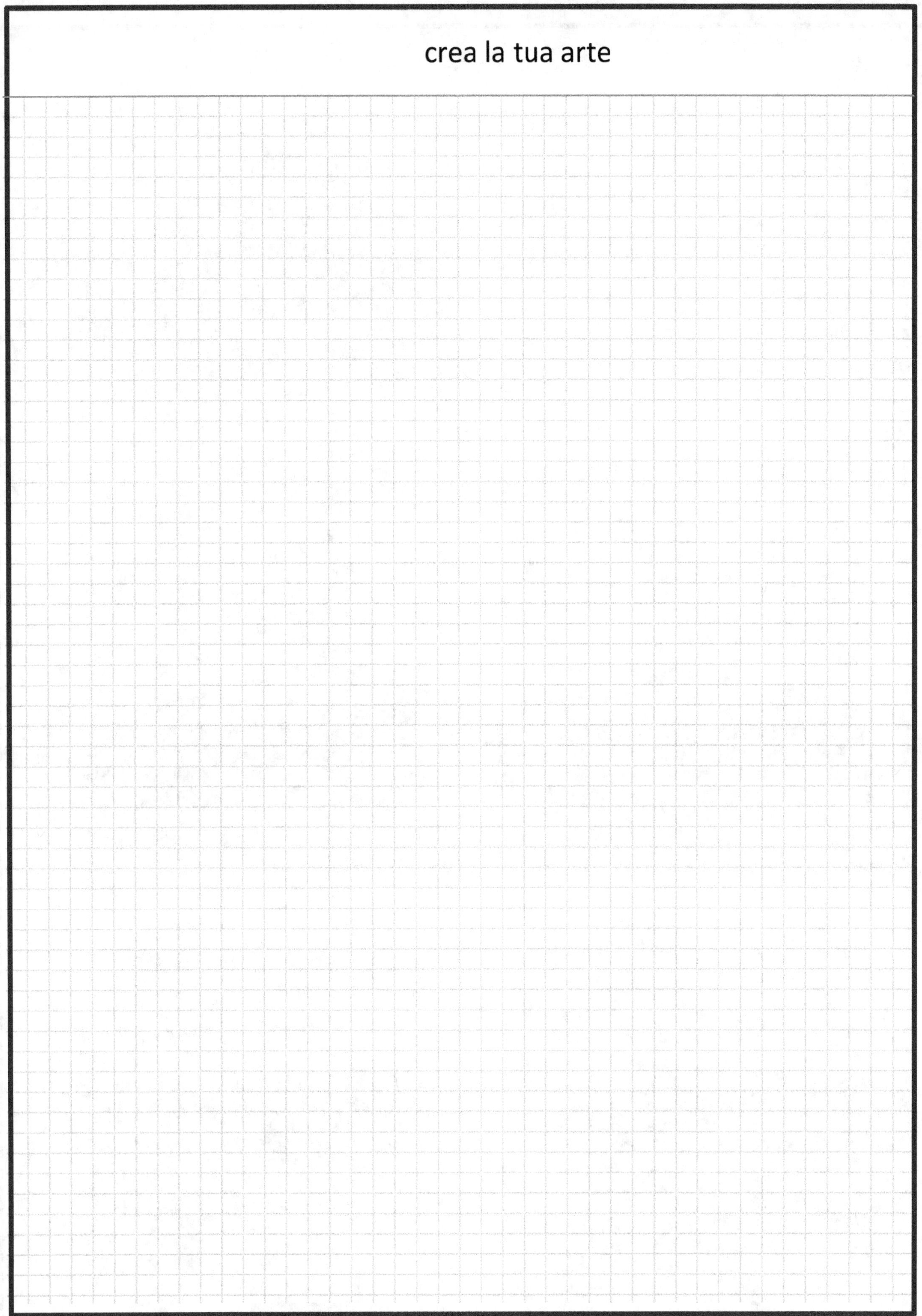

crea la tua arte

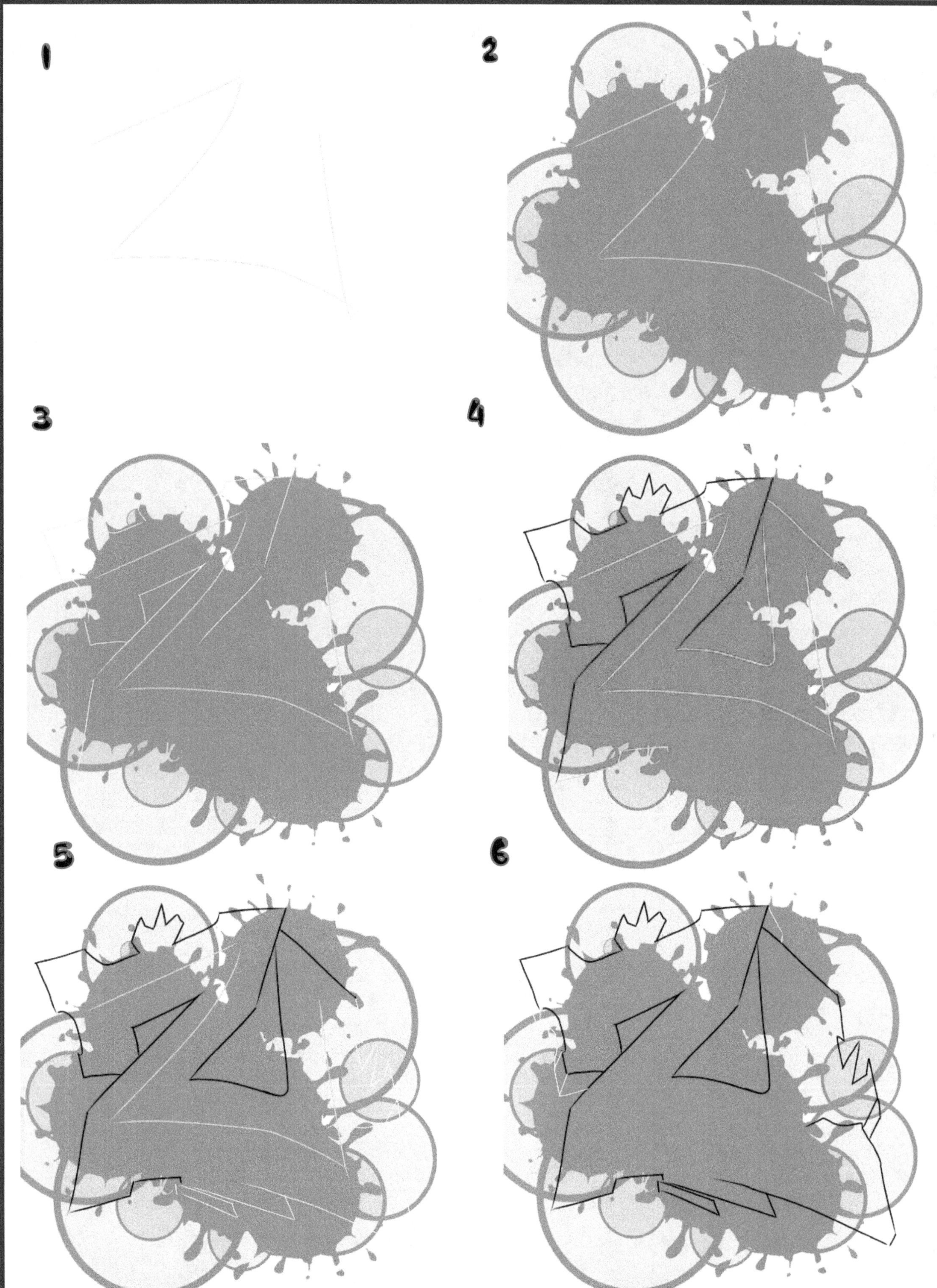

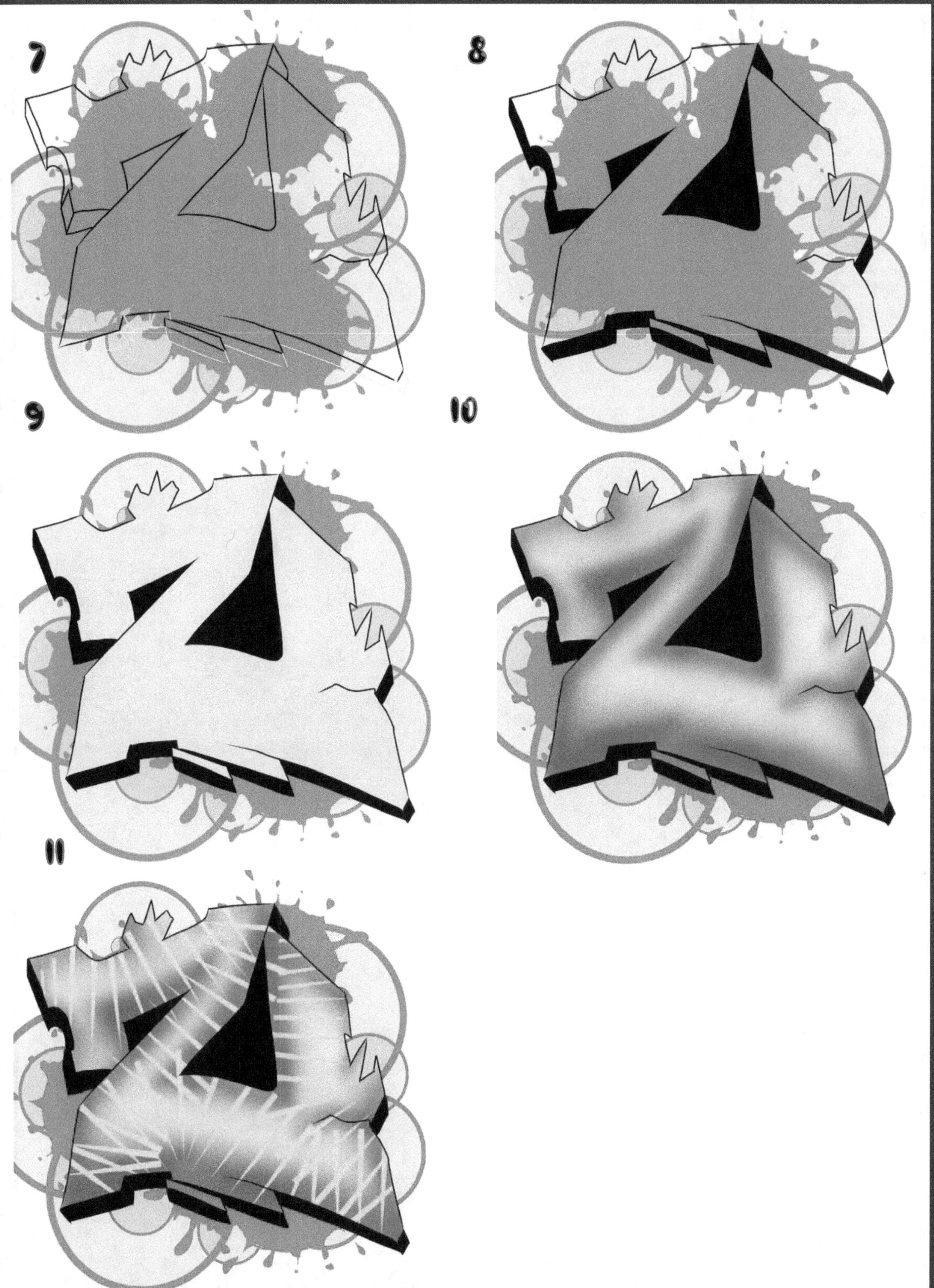

7
8
9
10
11

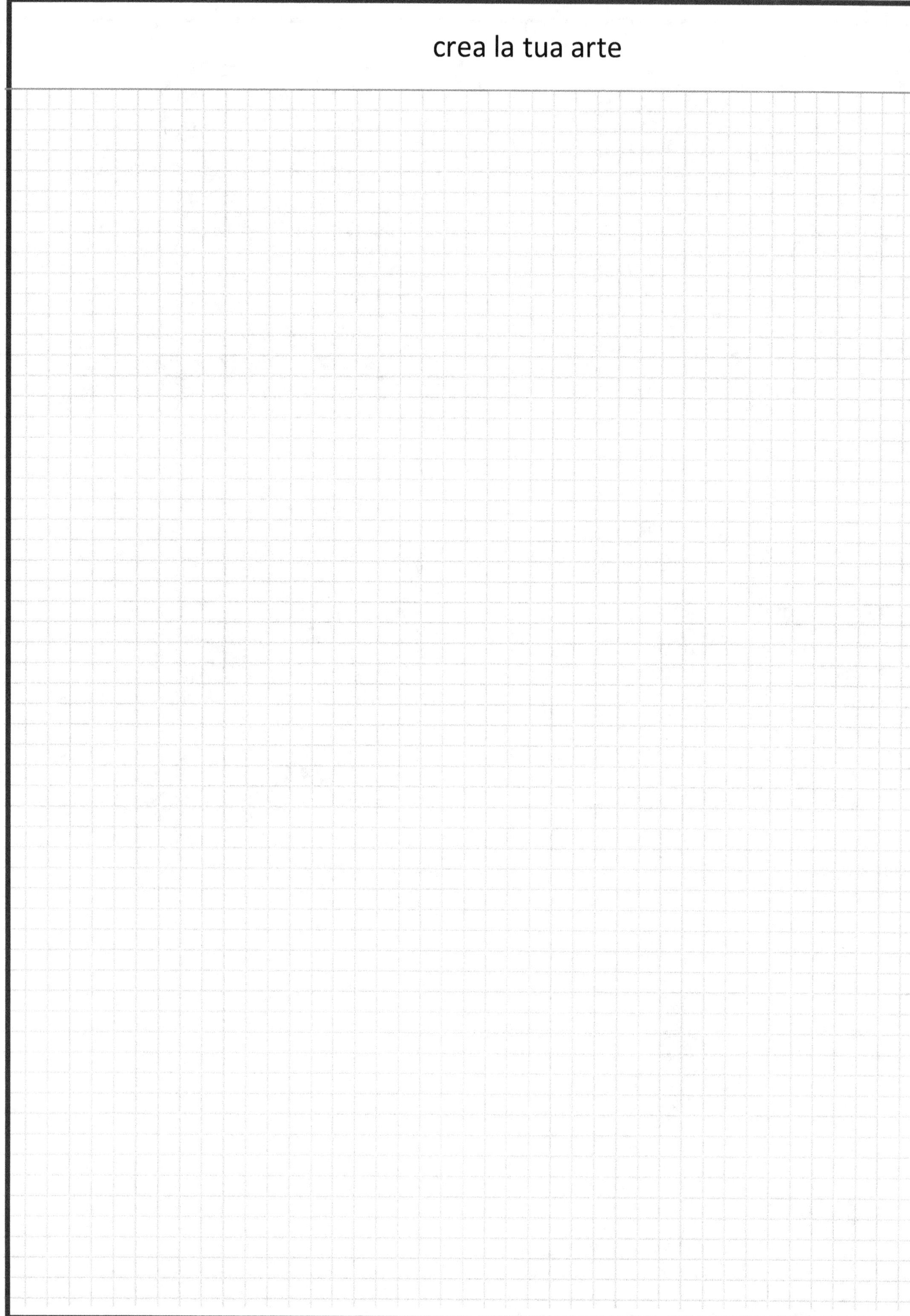

crea la tua arte

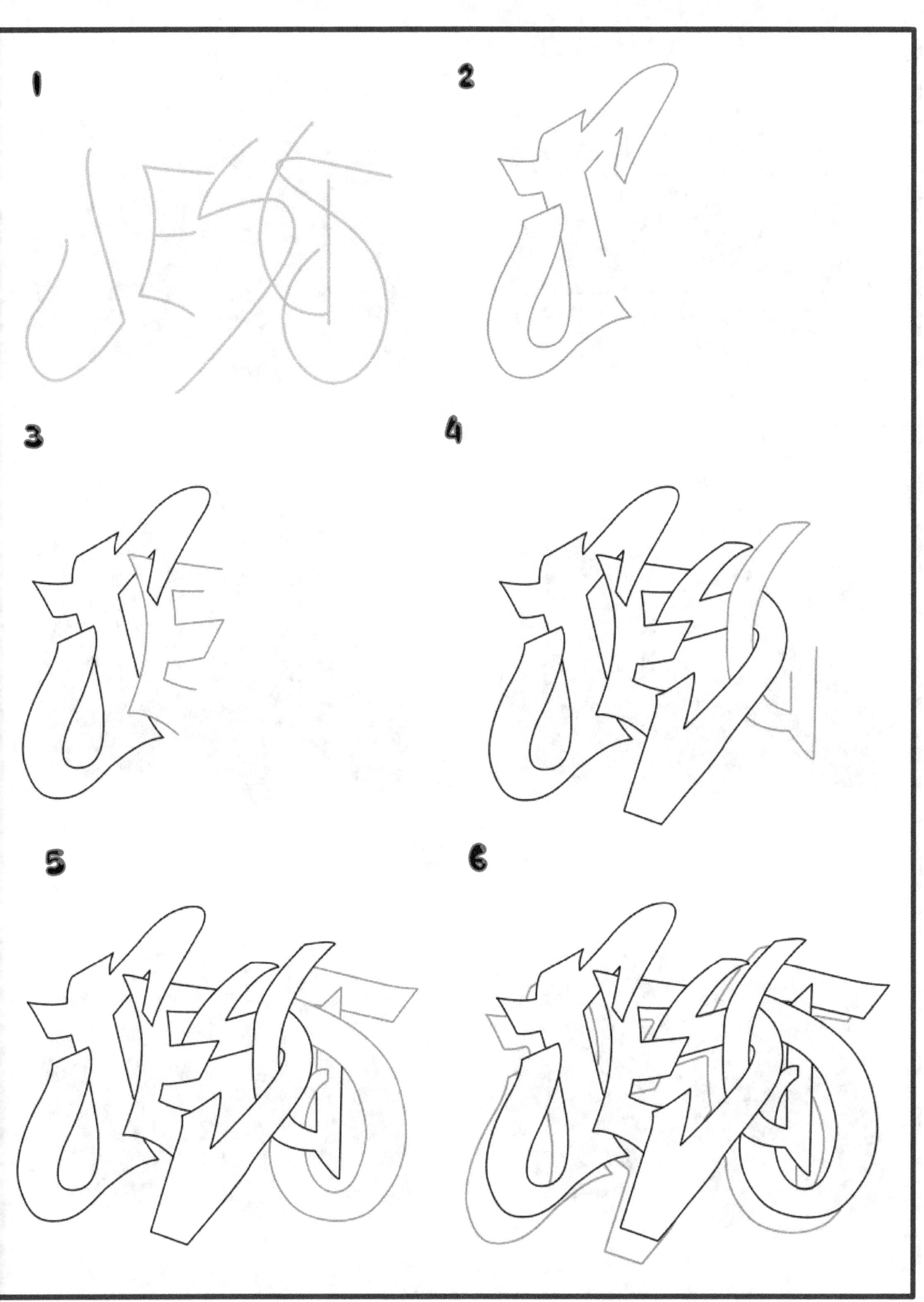

1
2
3
4
5
6

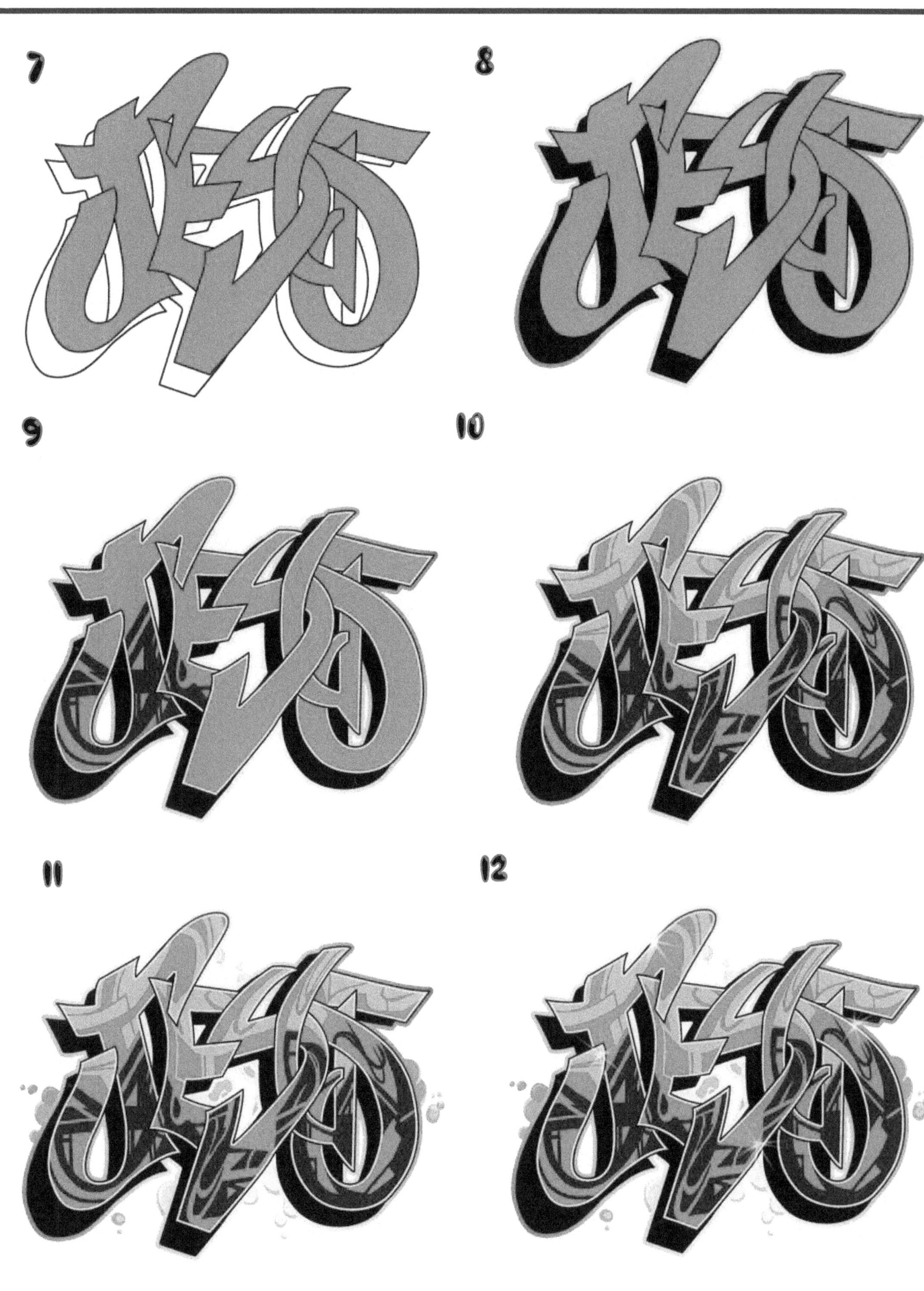
7
8
9
10
11
12

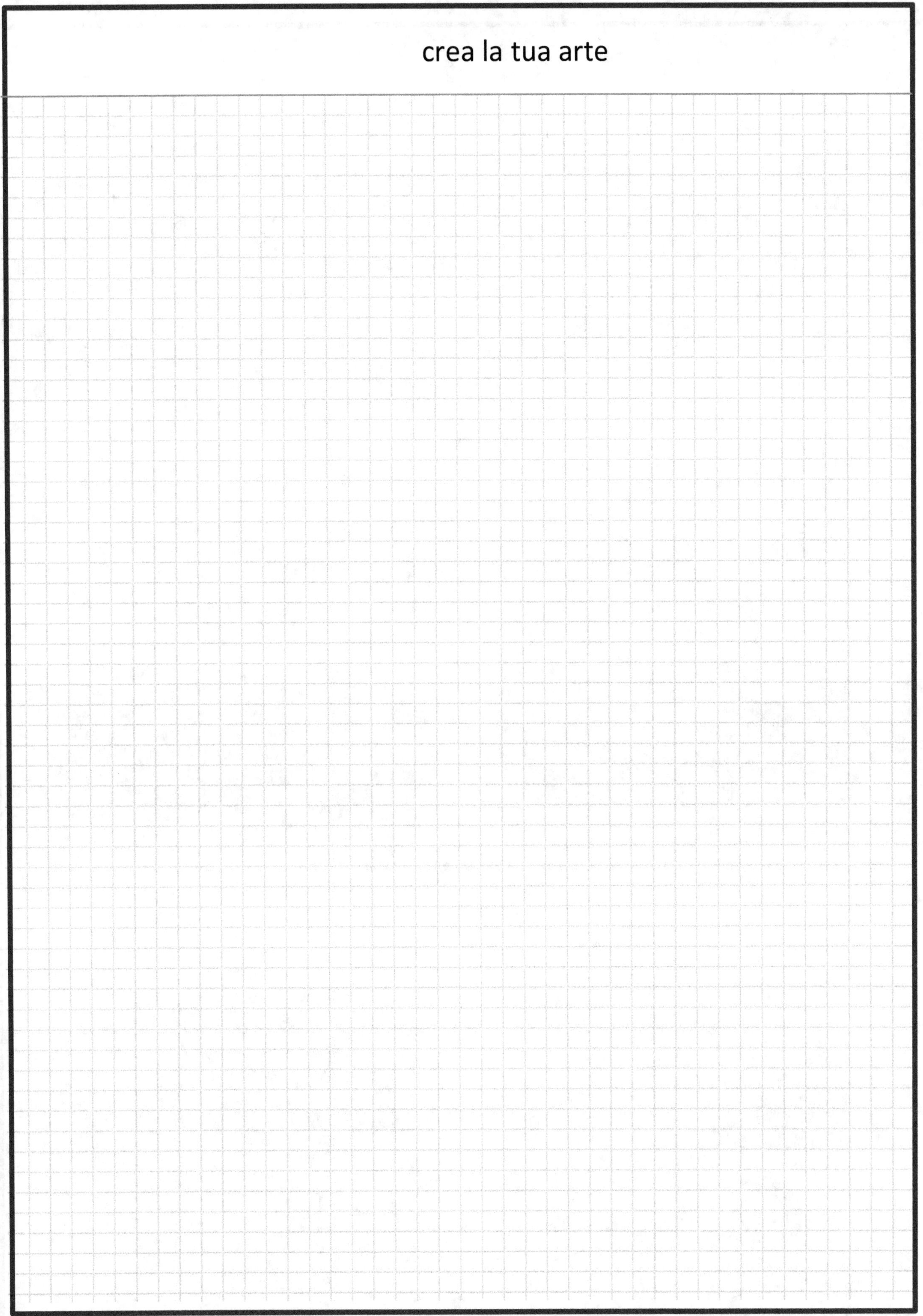

crea la tua arte

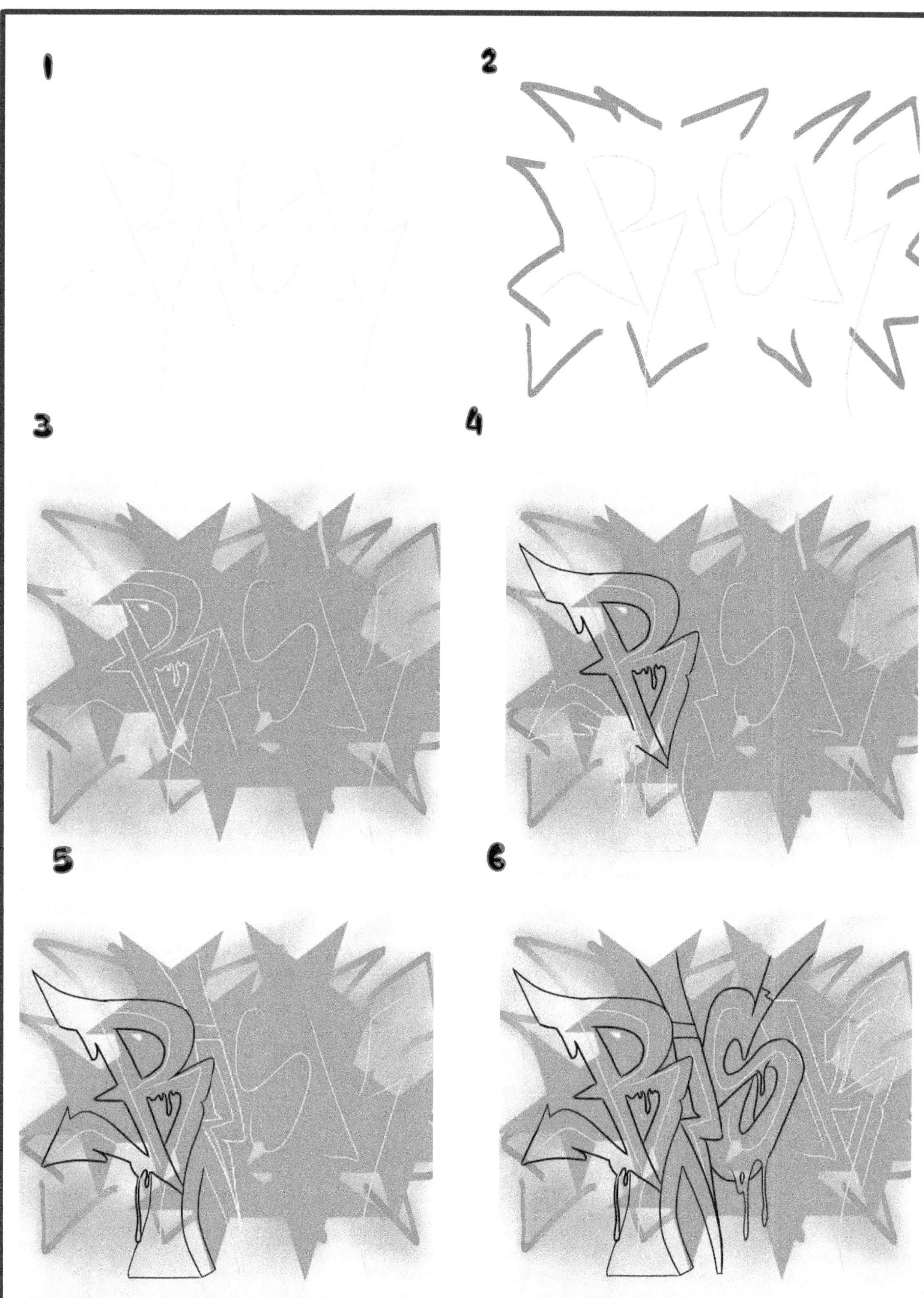

1
2
3
4
5
6

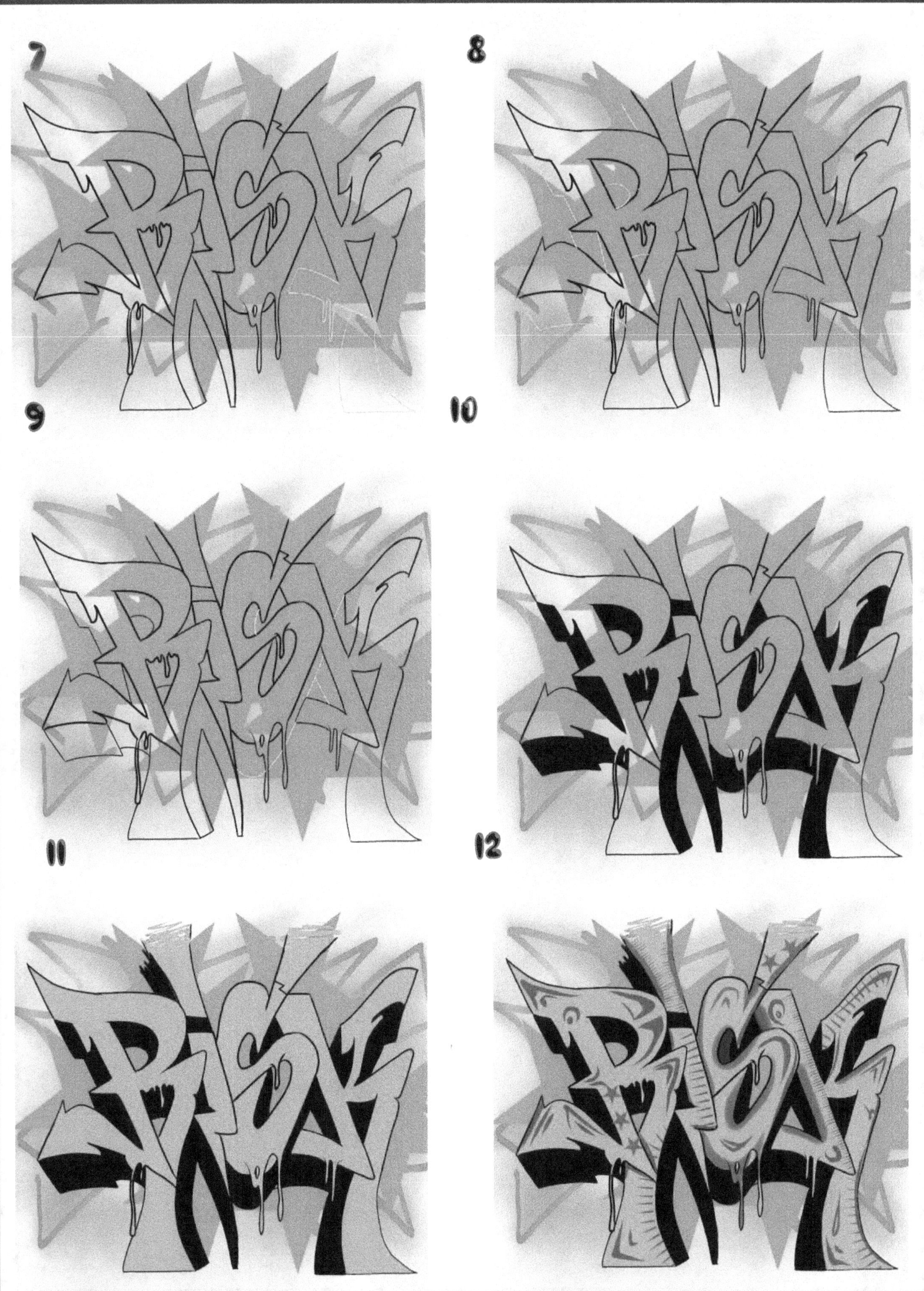

7
8
9
10
11
12

crea la tua arte

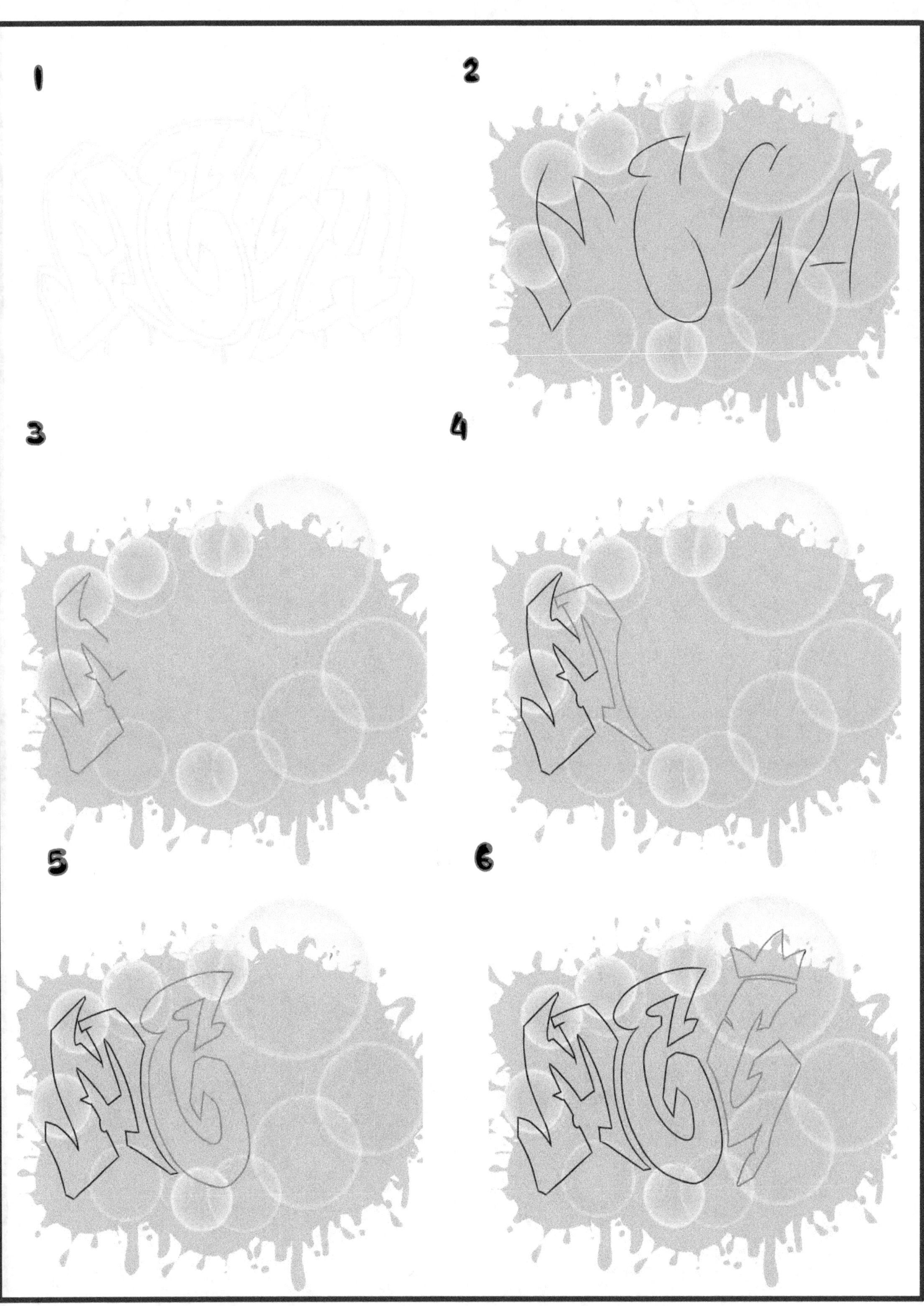

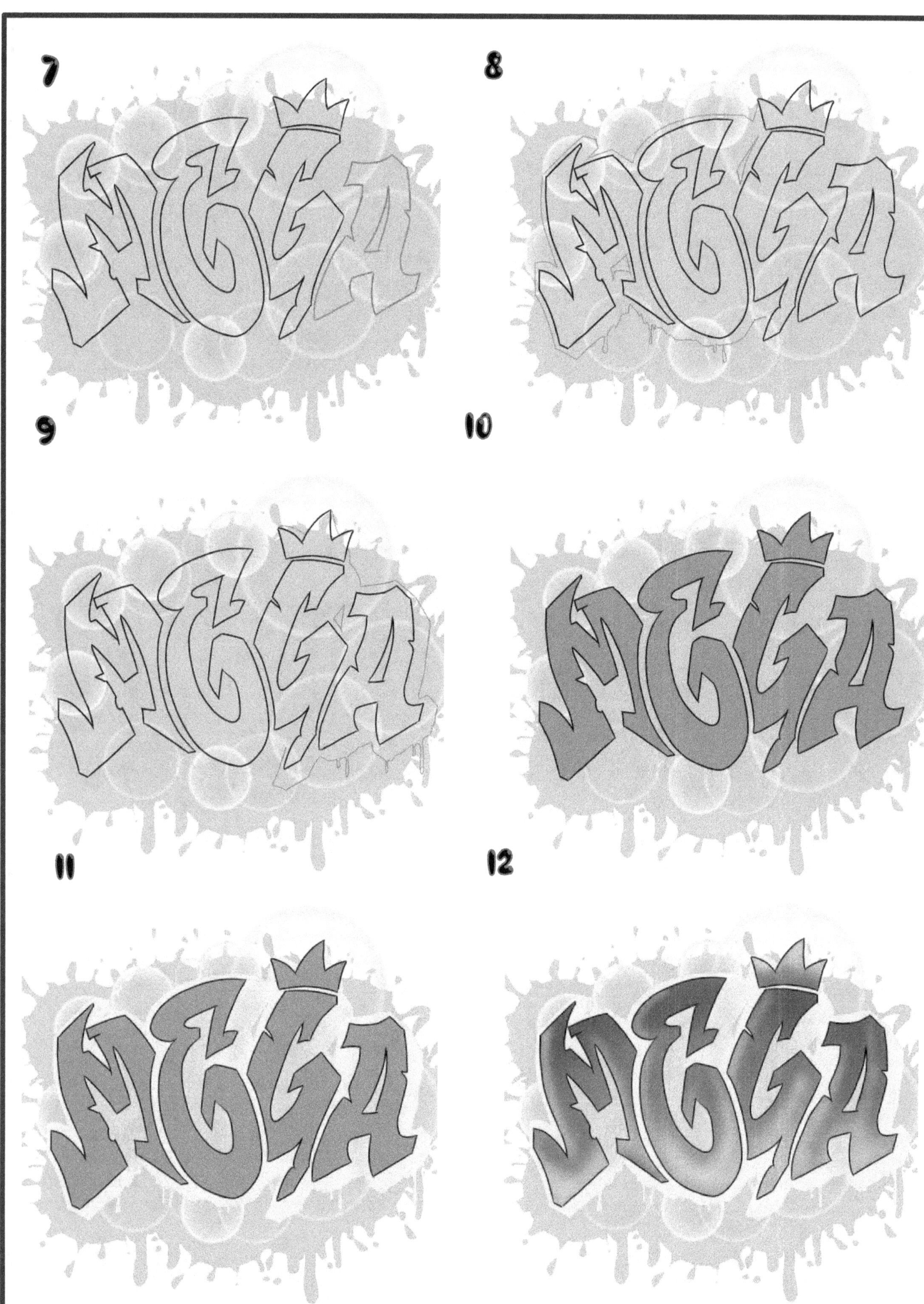

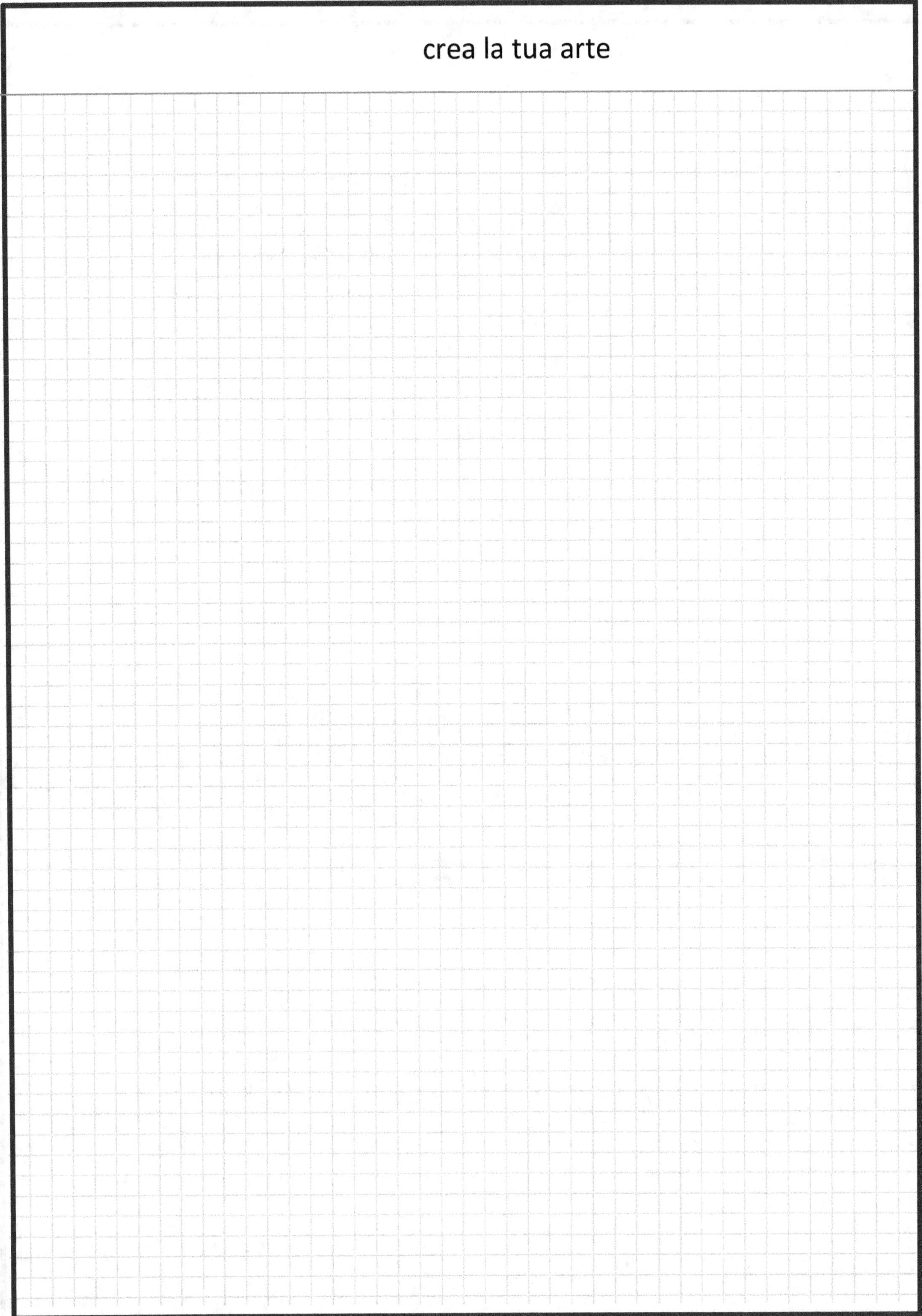

crea la tua arte

1

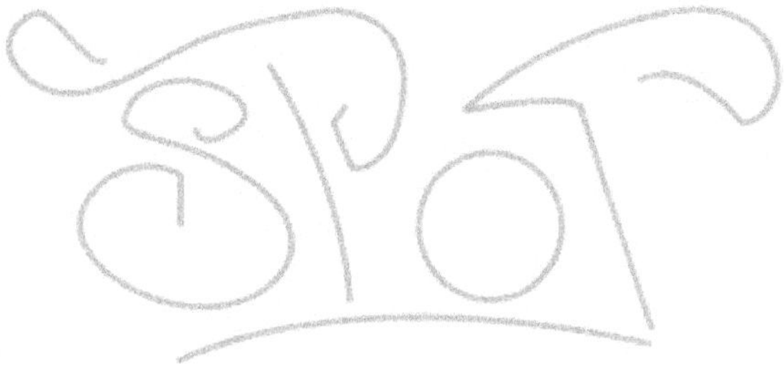

2

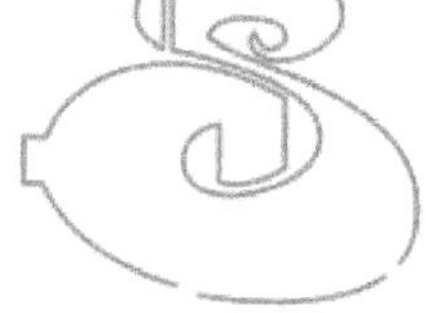

3

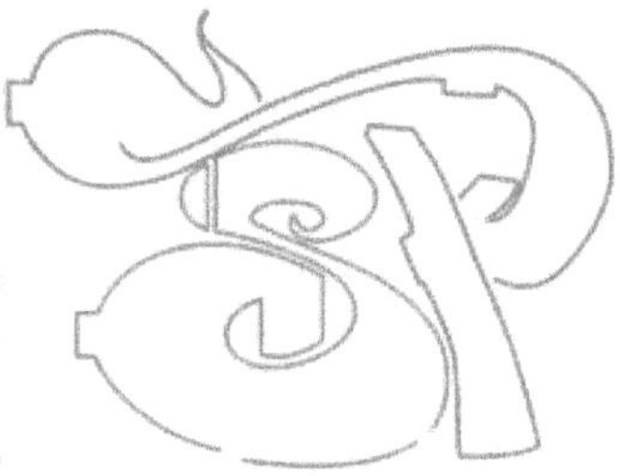

4

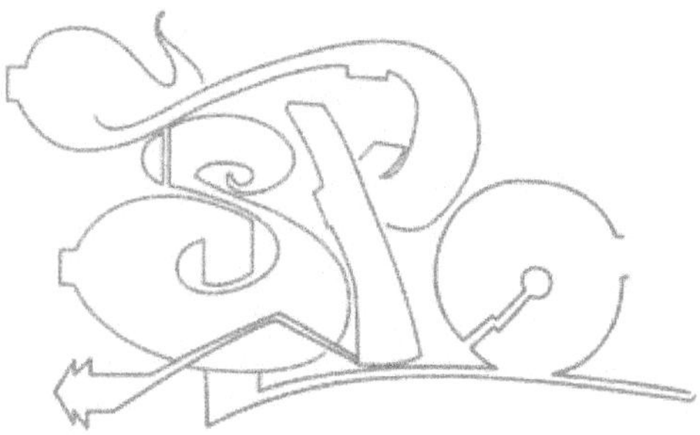

5

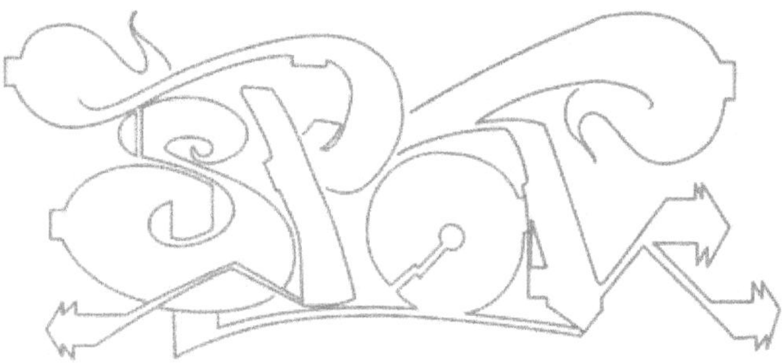

6

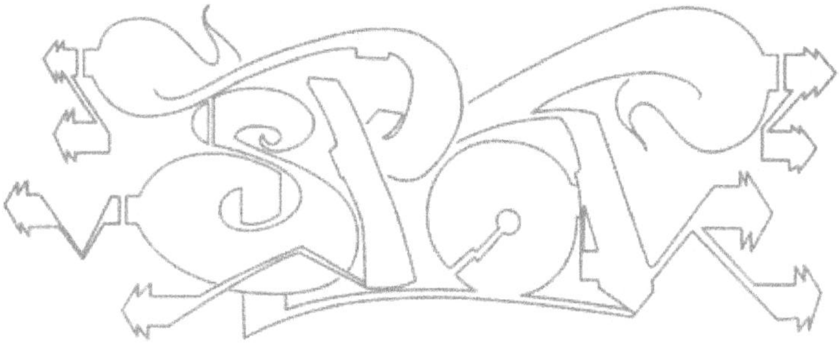

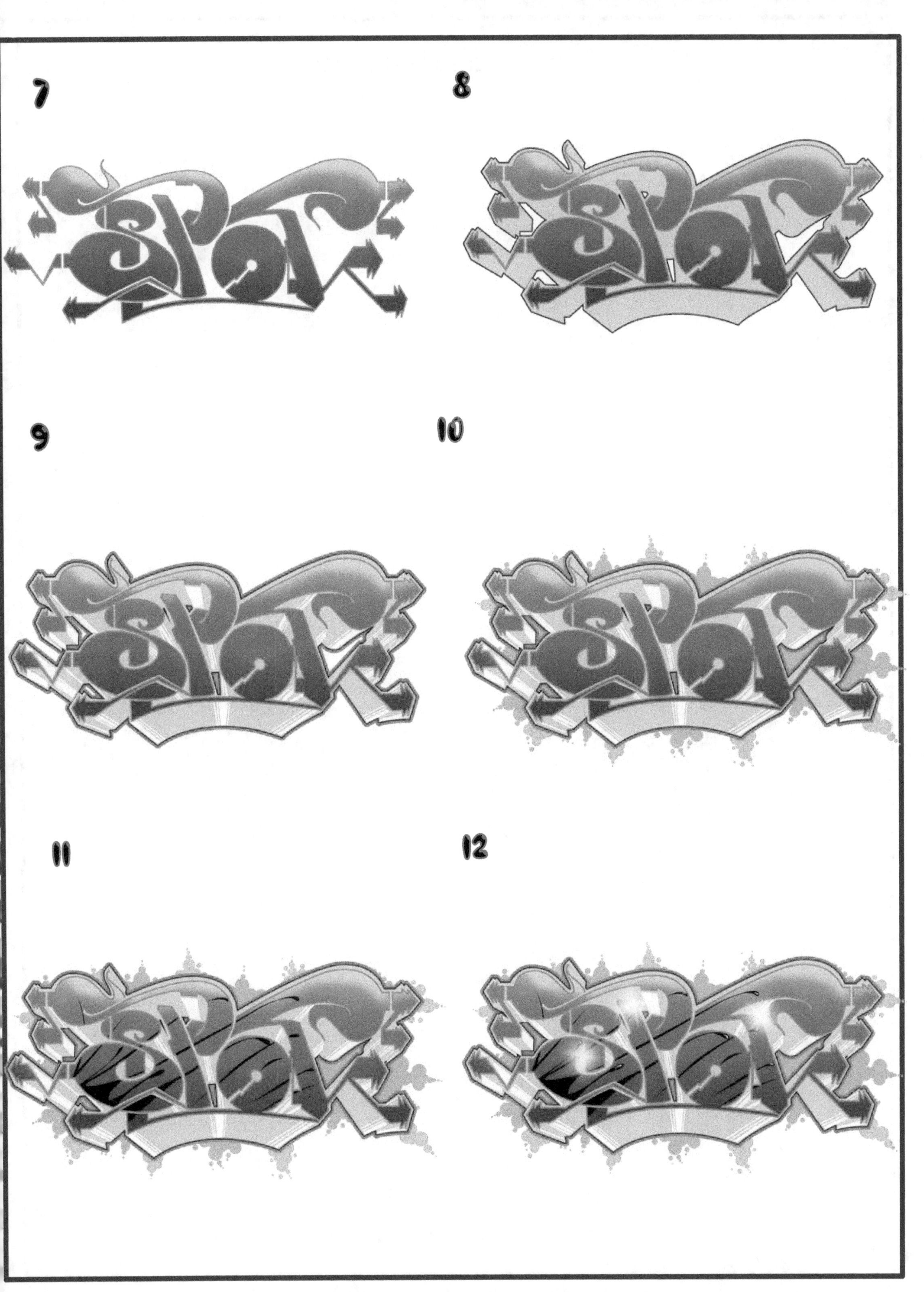

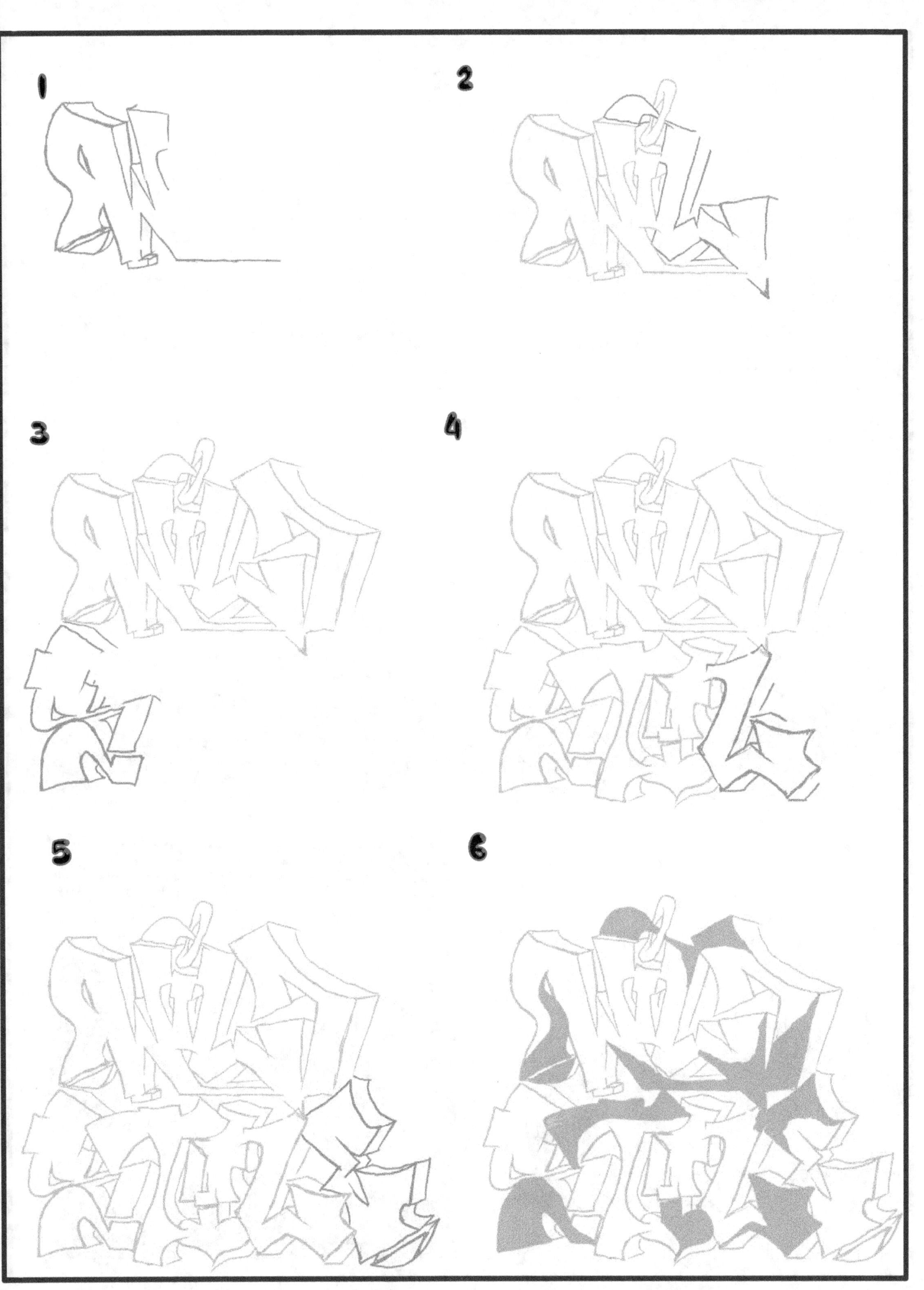

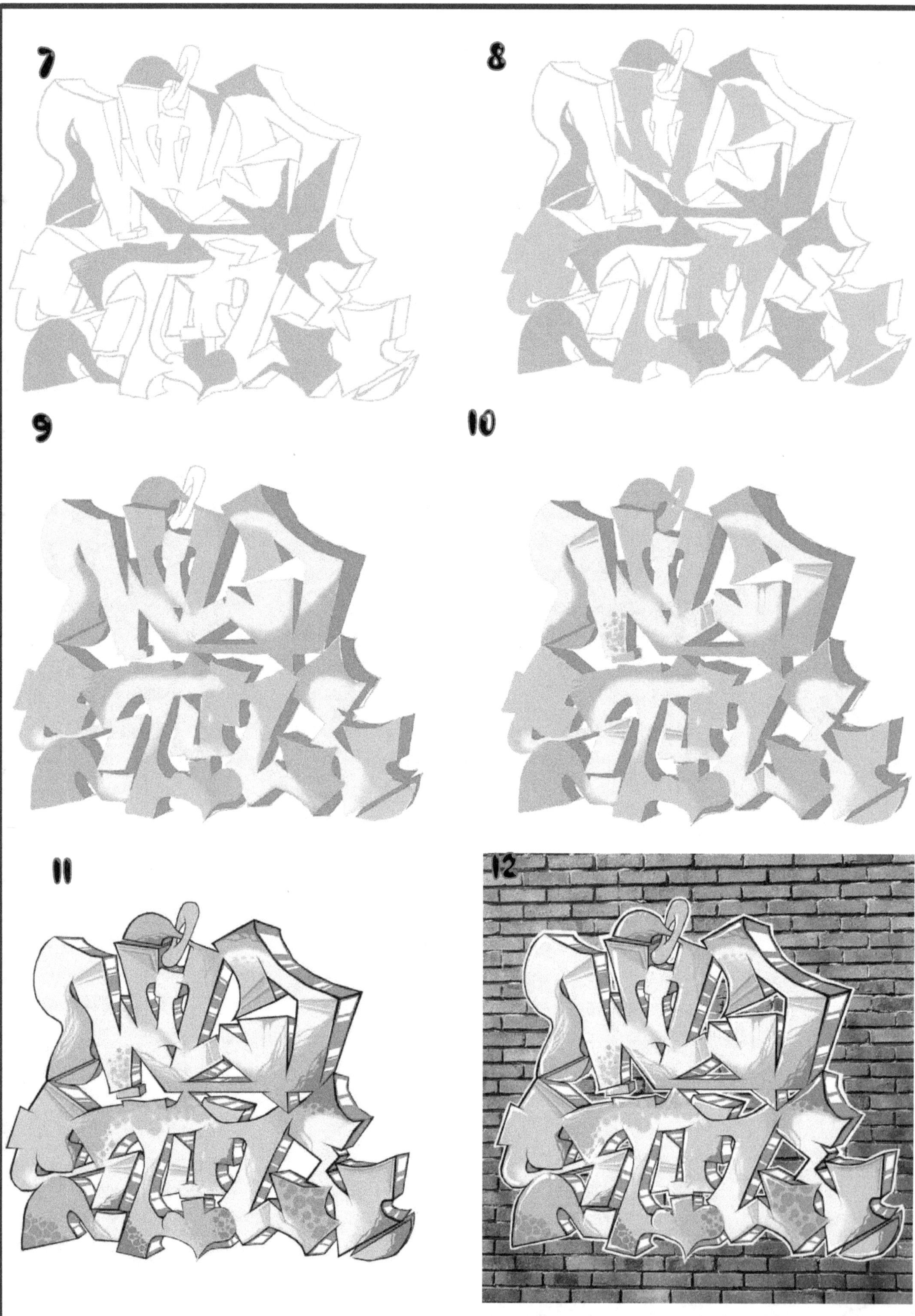

crea la tua arte

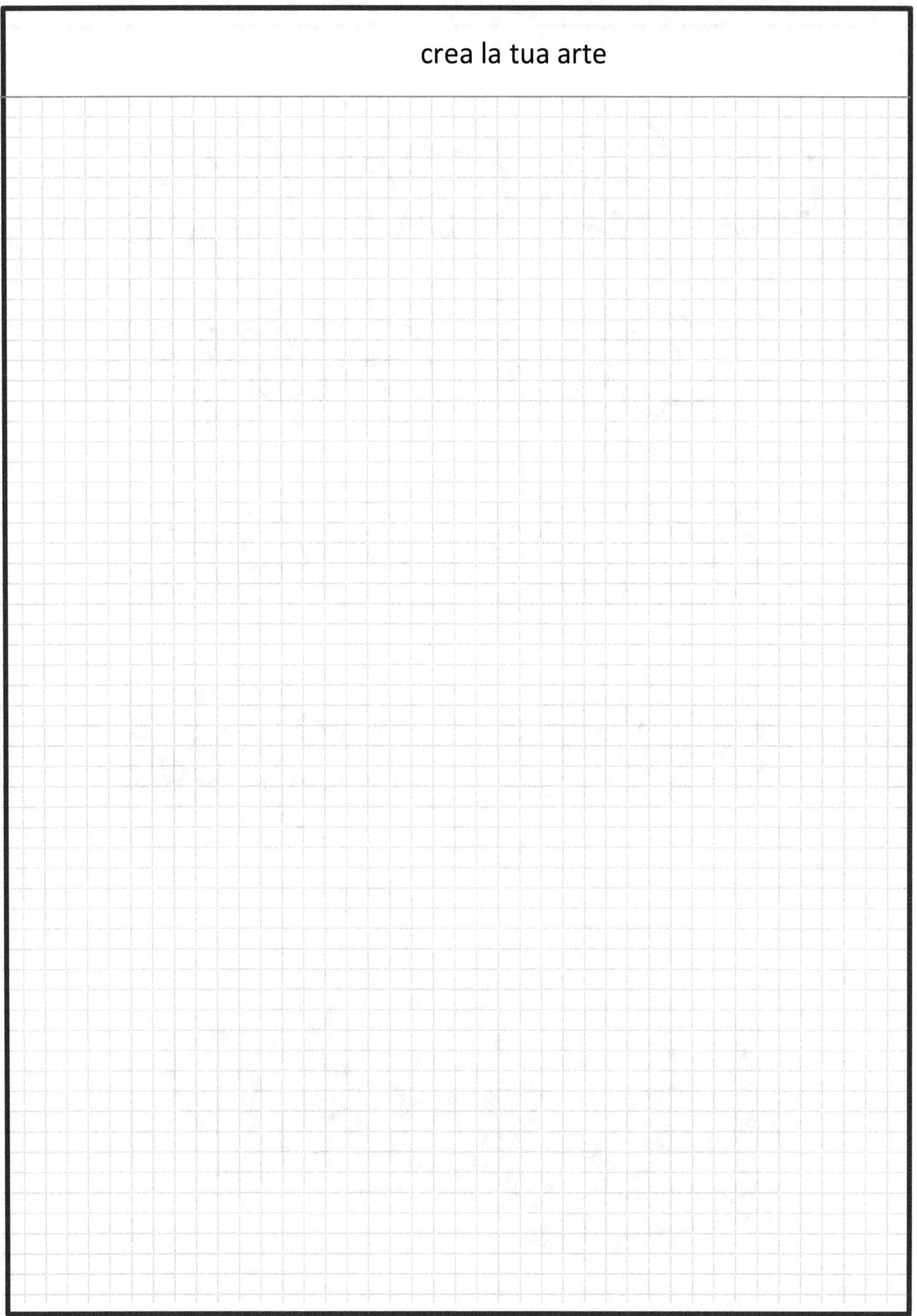

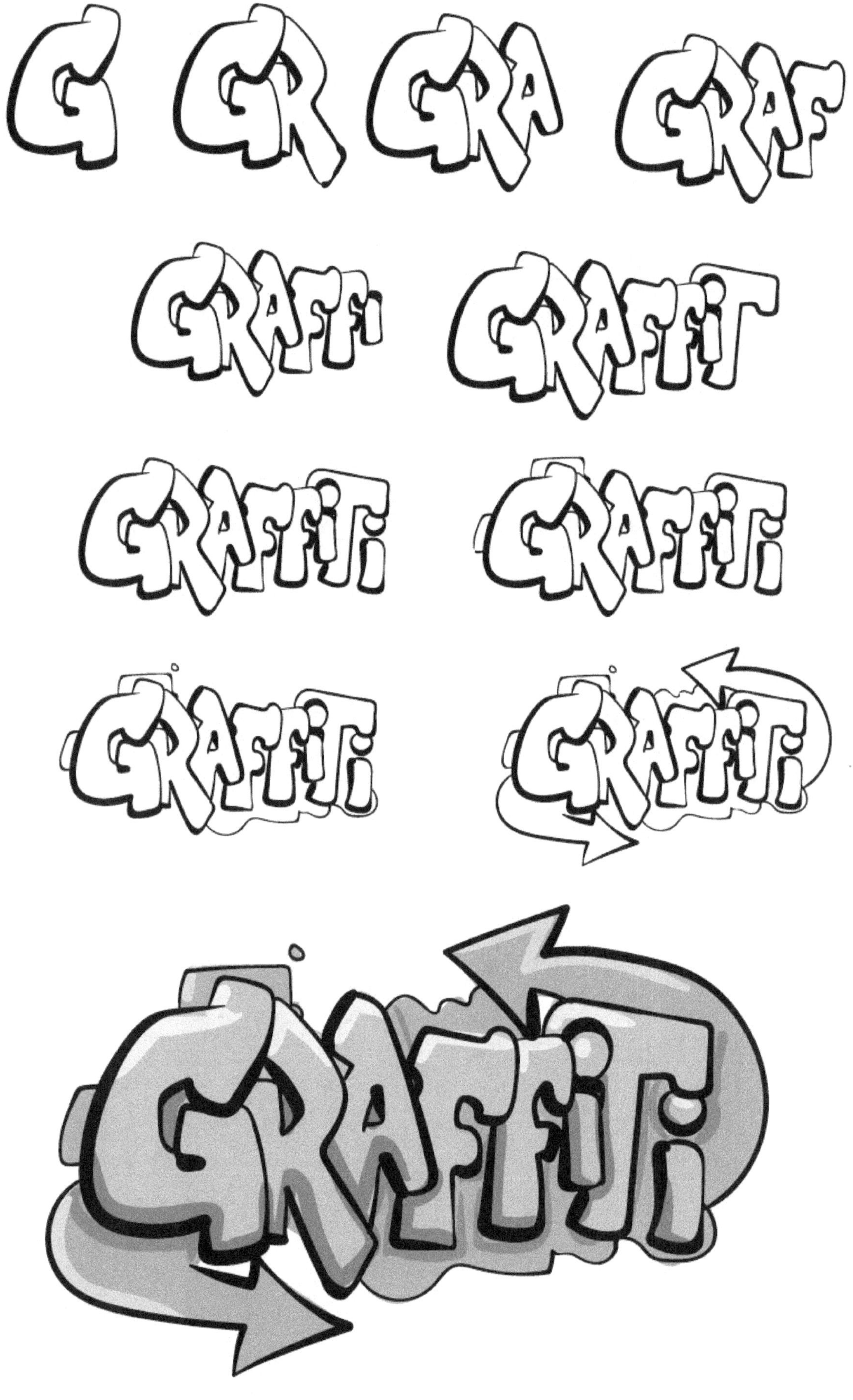

GRAFFITI

crea la tua arte

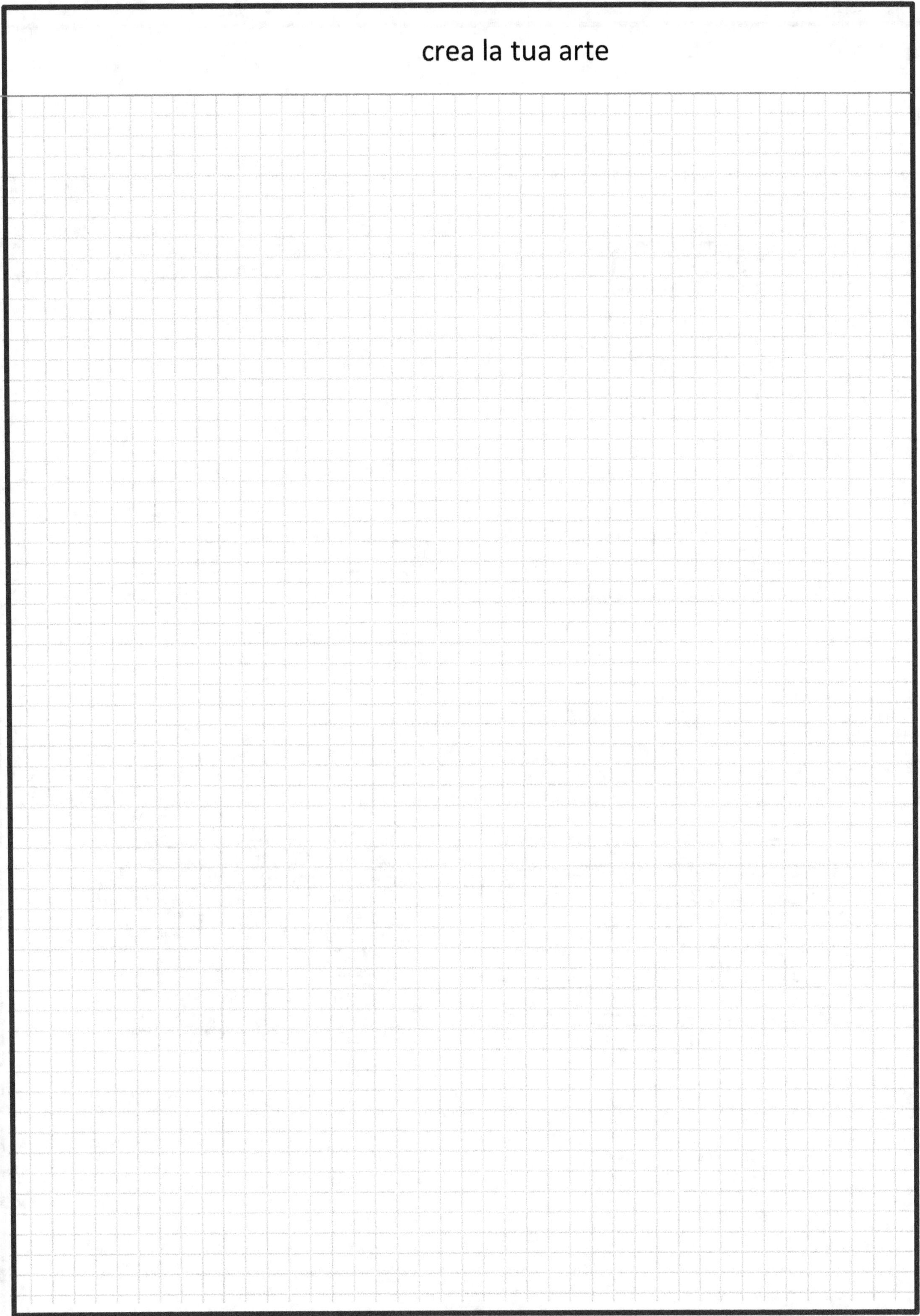

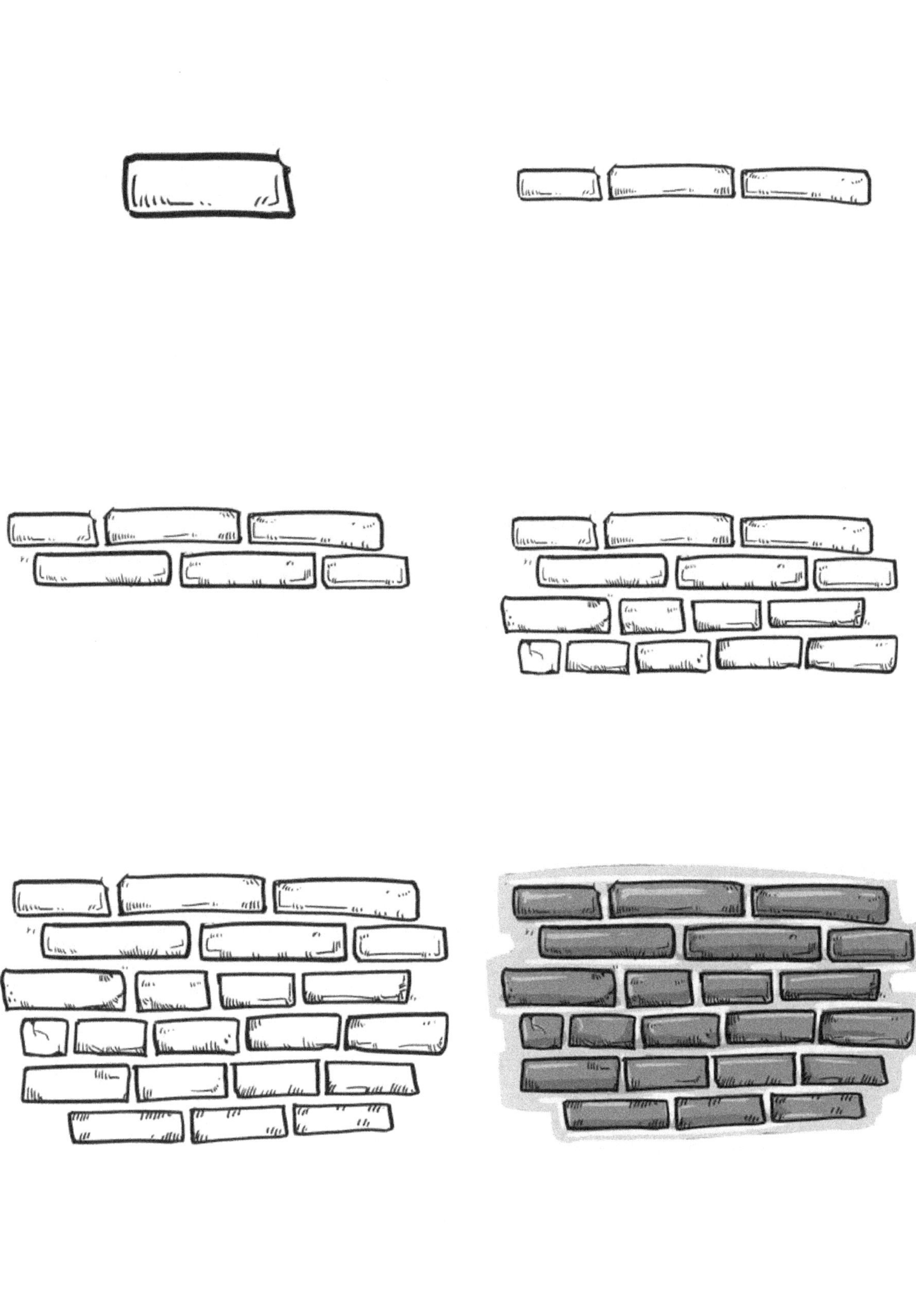

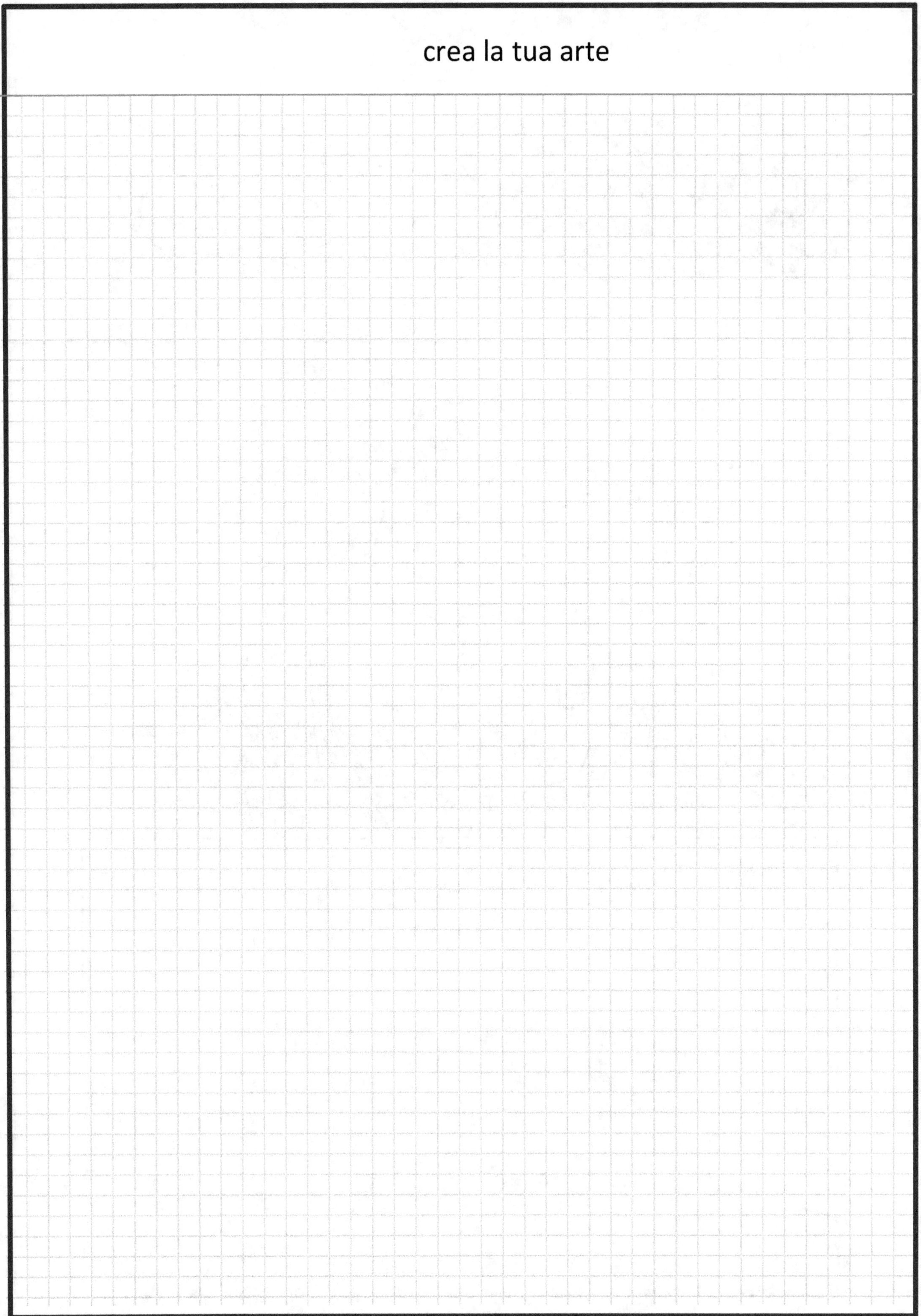

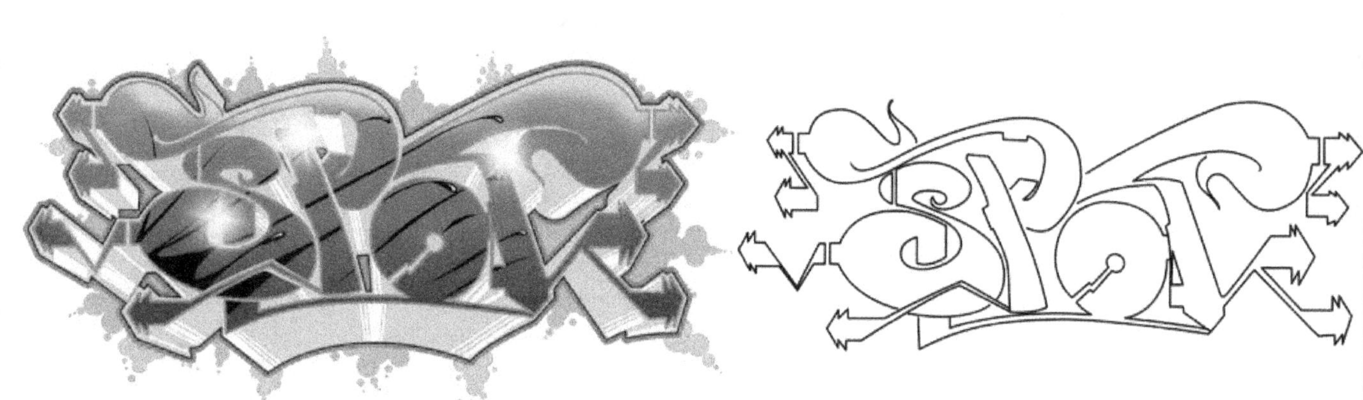

SPA
SPA

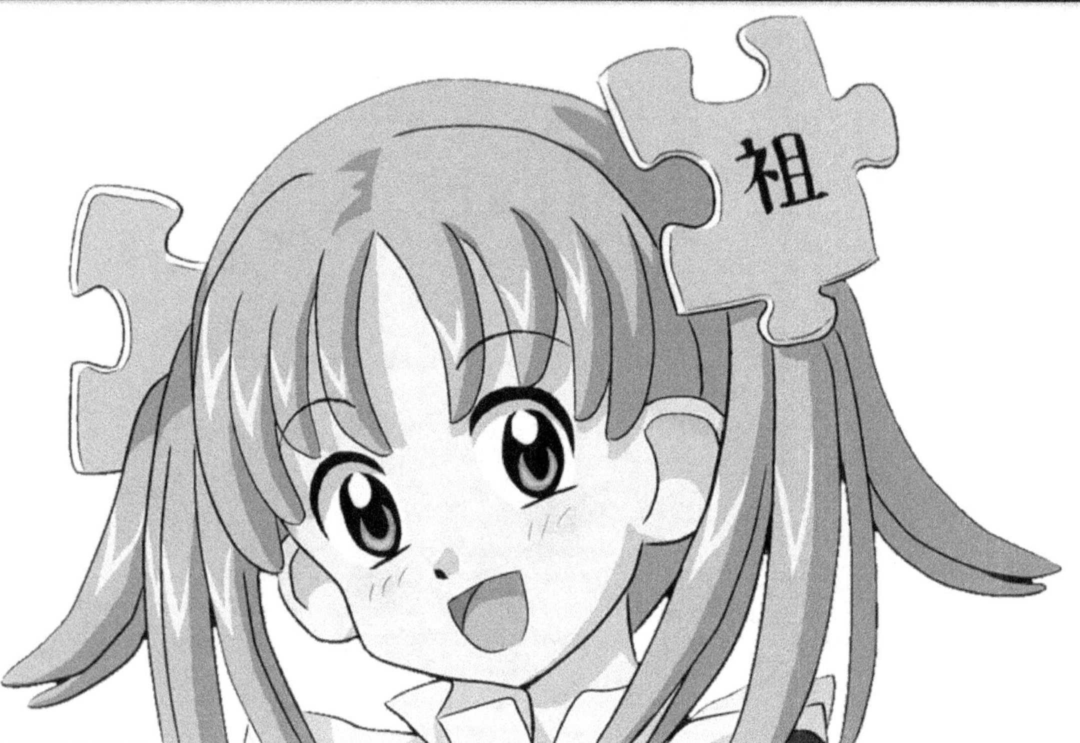

VAMOS A
COLOREAR
AHORA

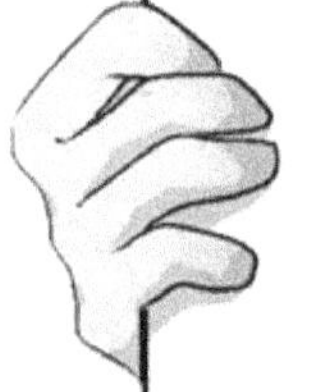

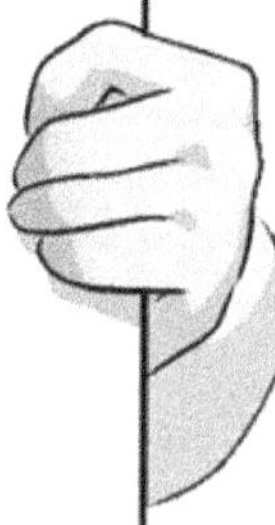

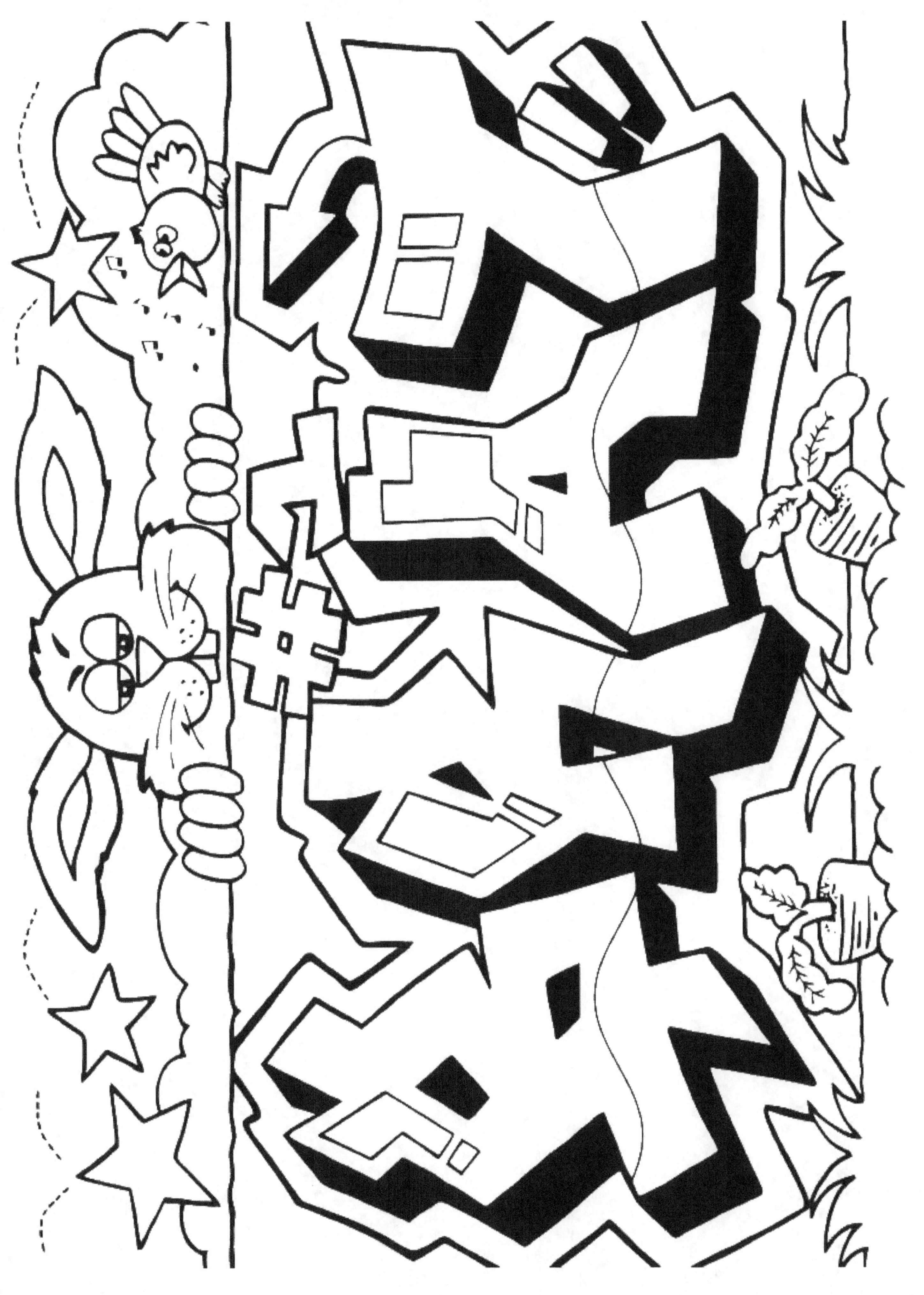

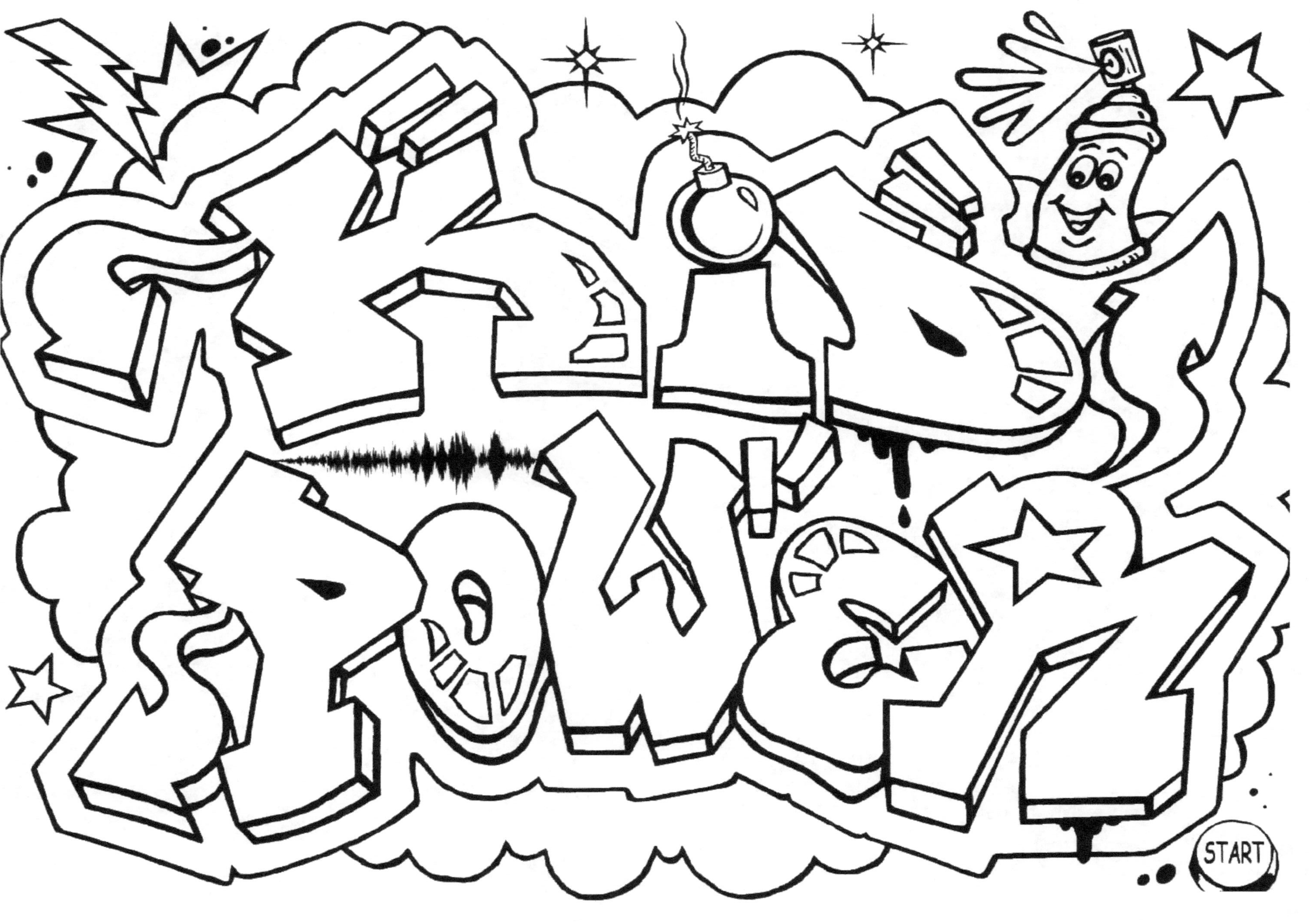
KID POWER
START

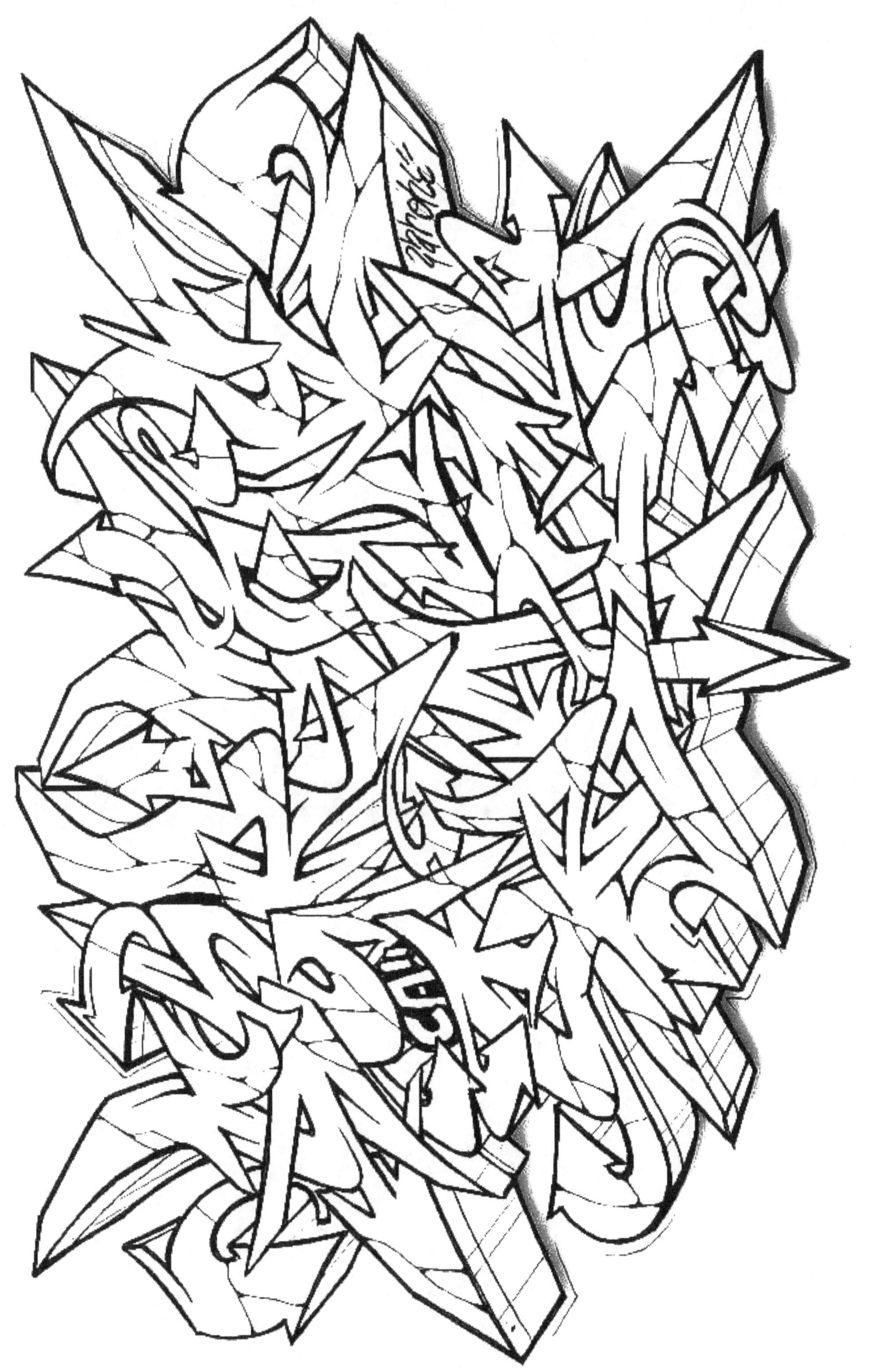

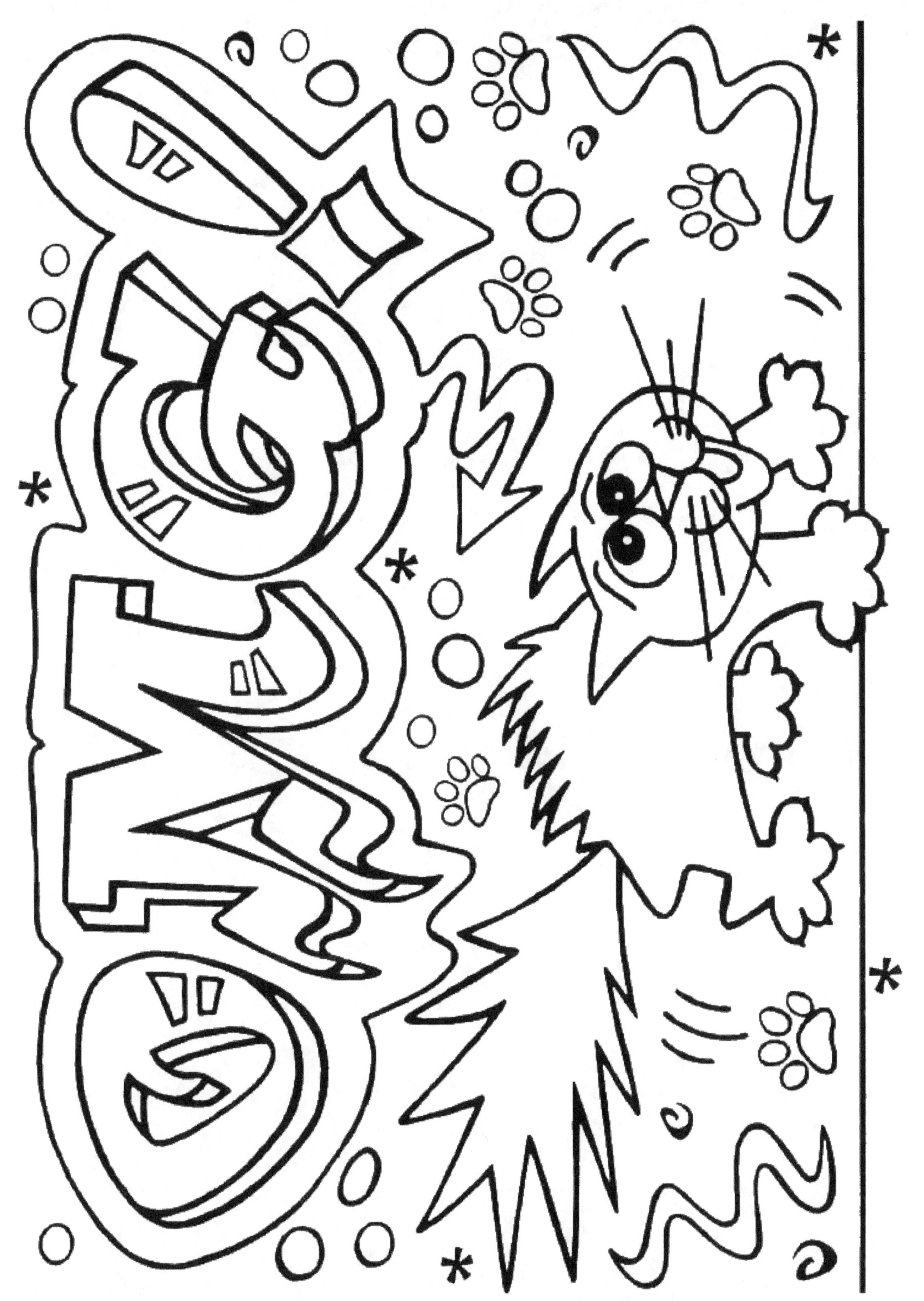

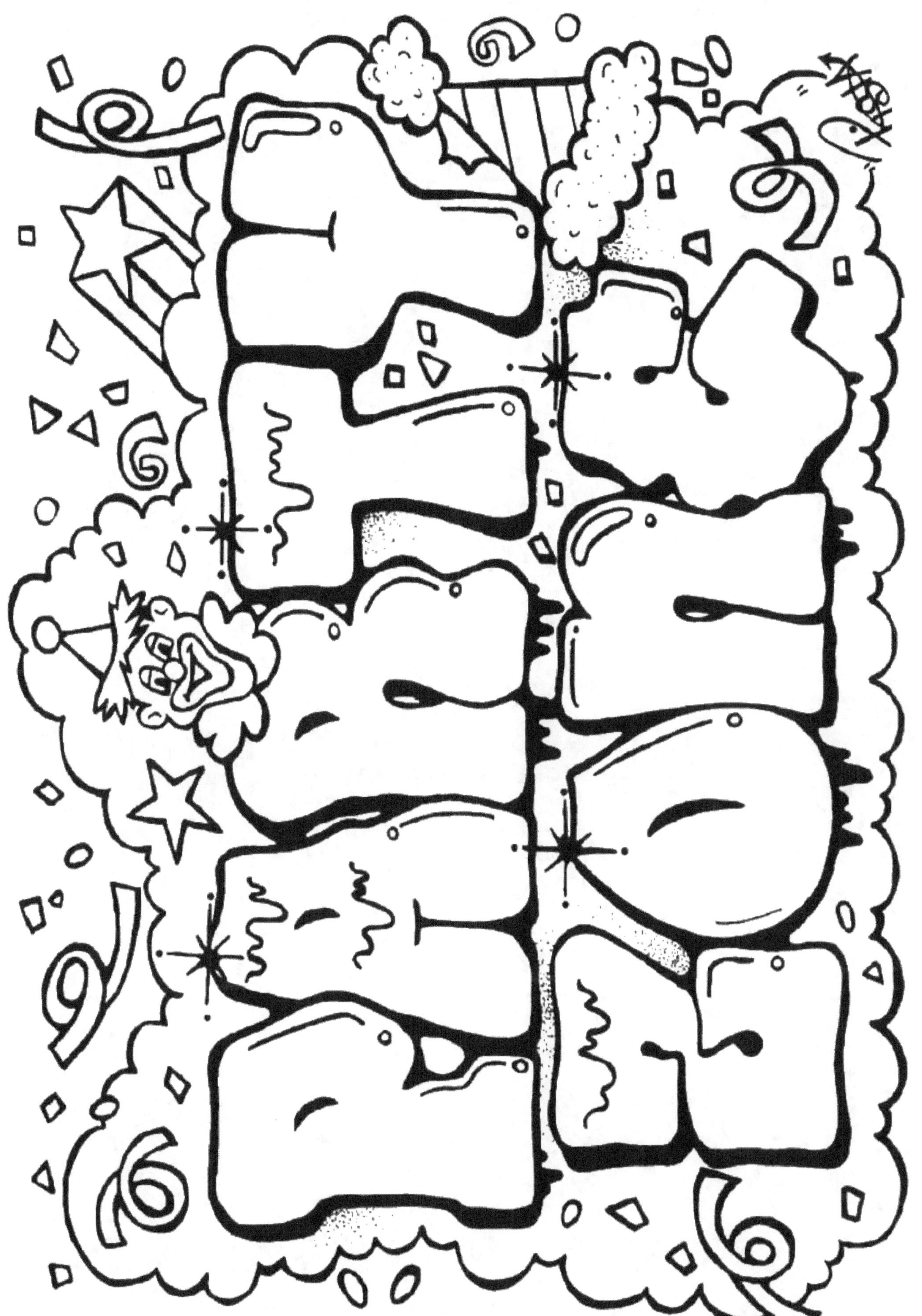

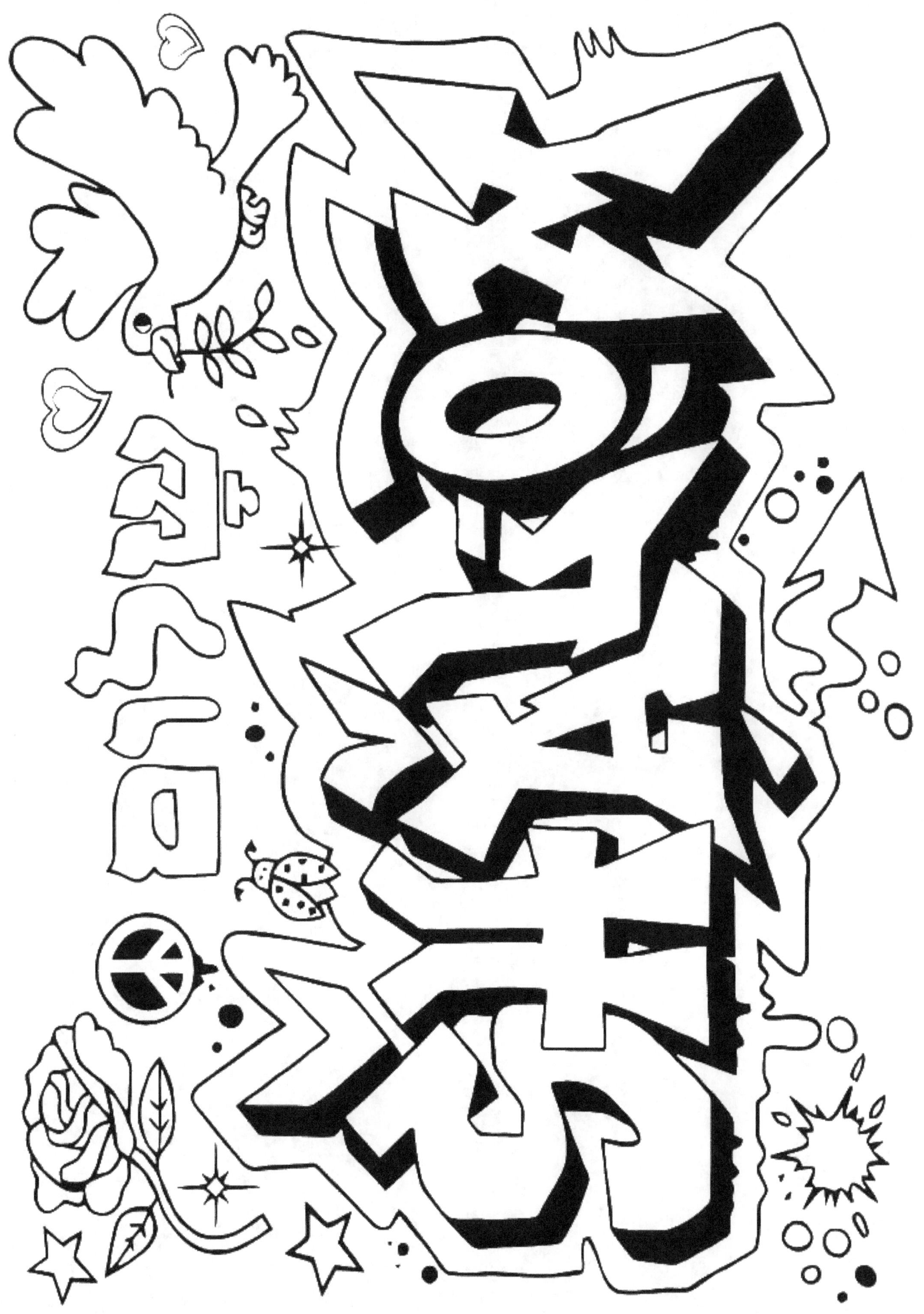

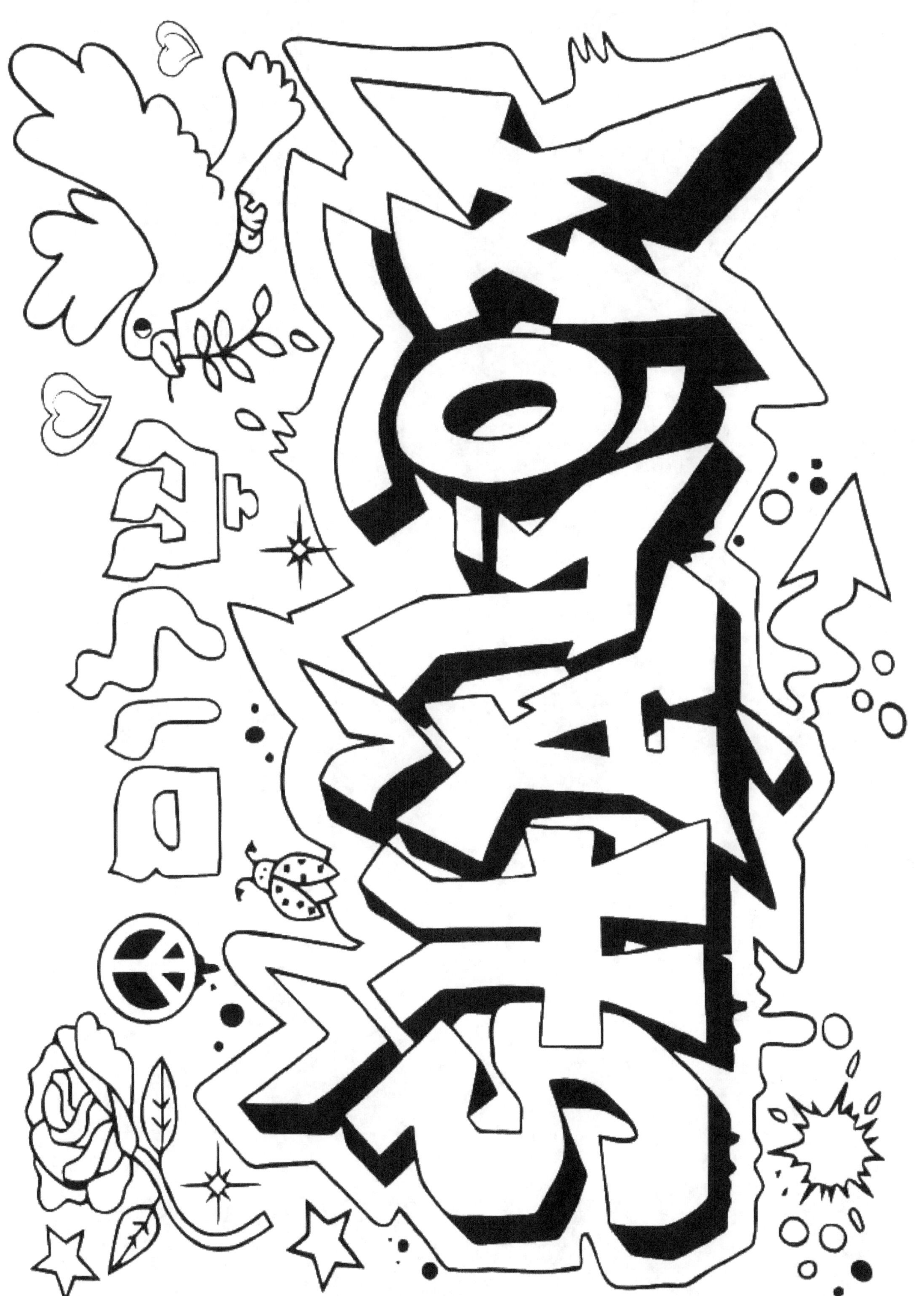

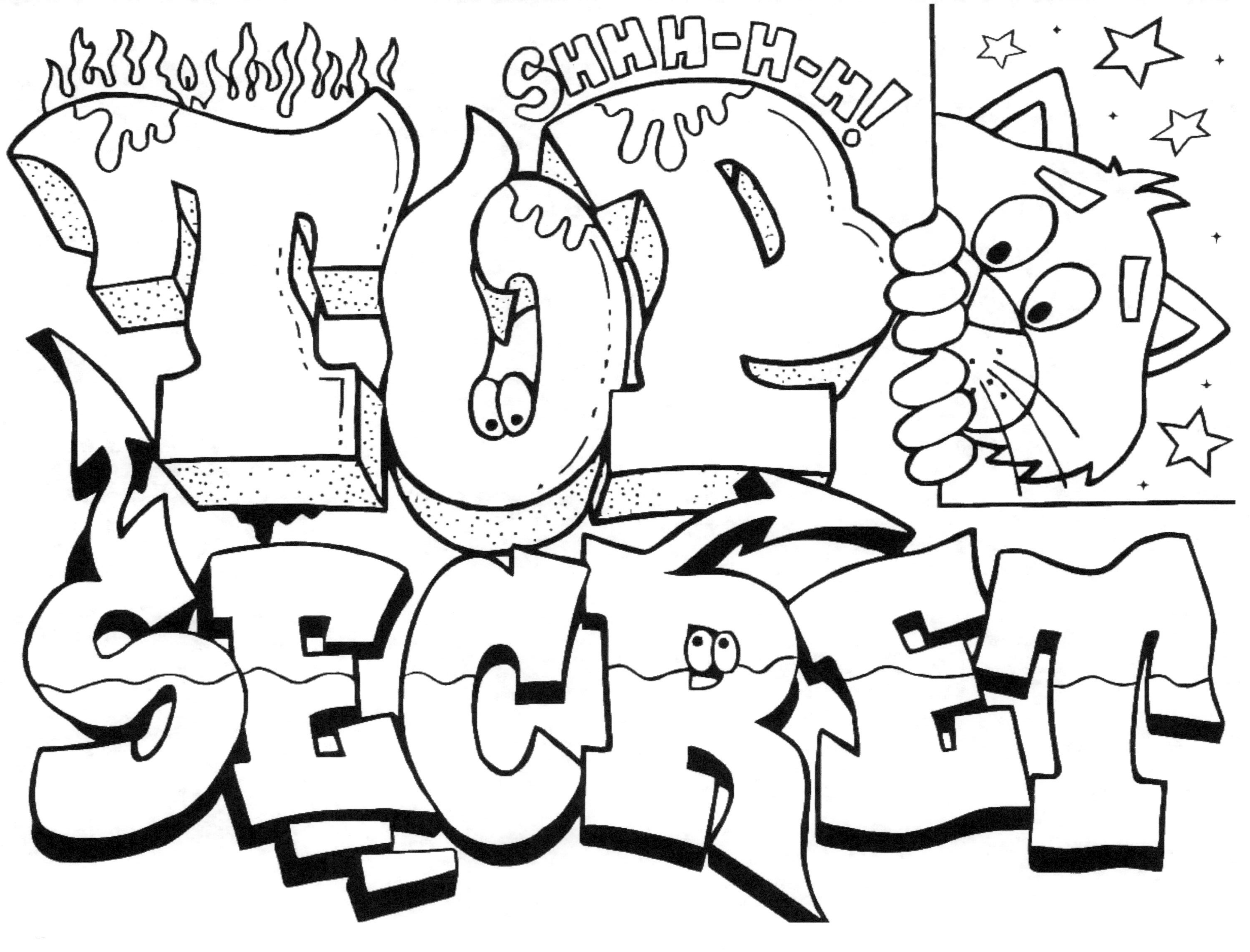

SHHH-H-H-H!
TOP SECRET

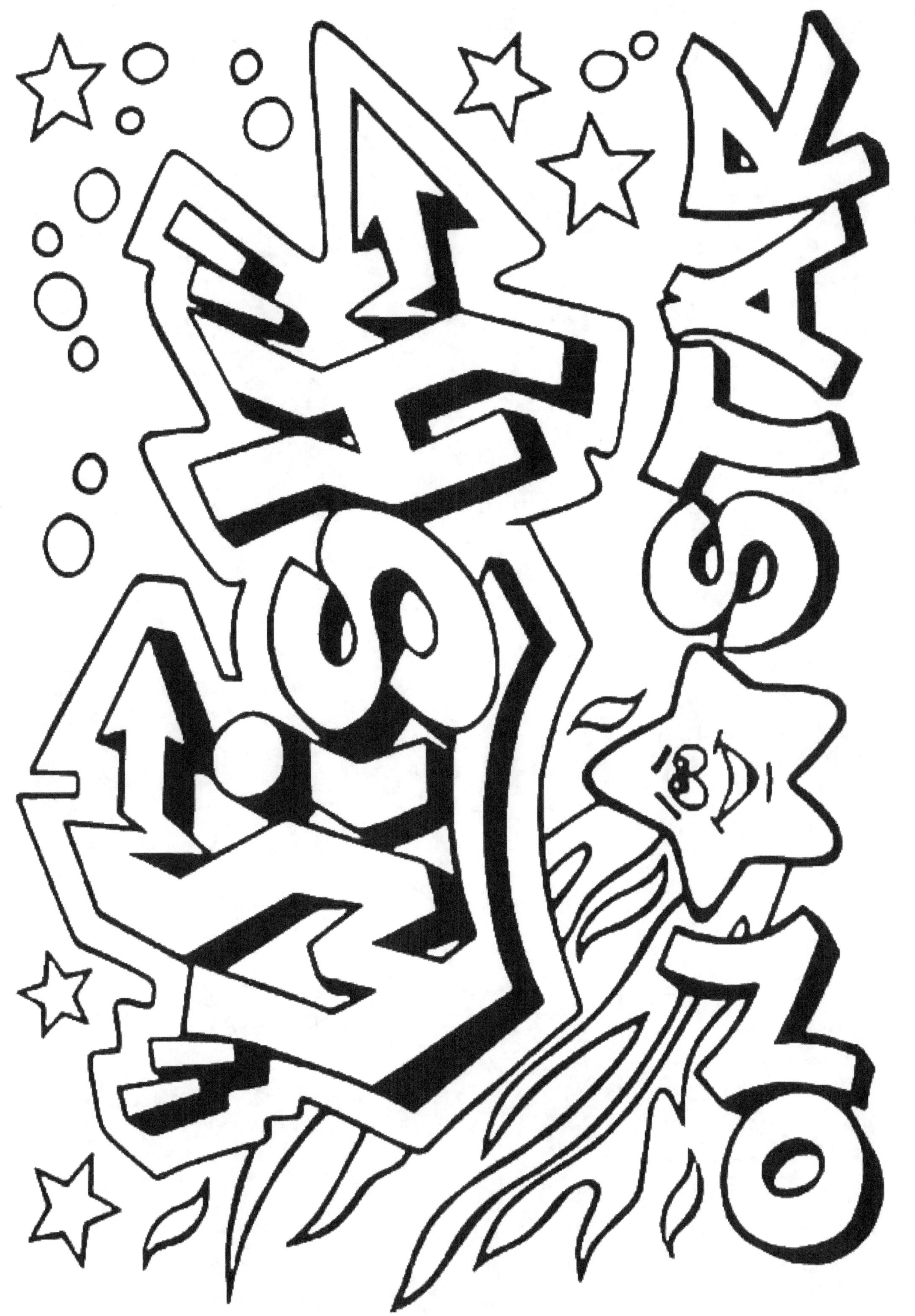

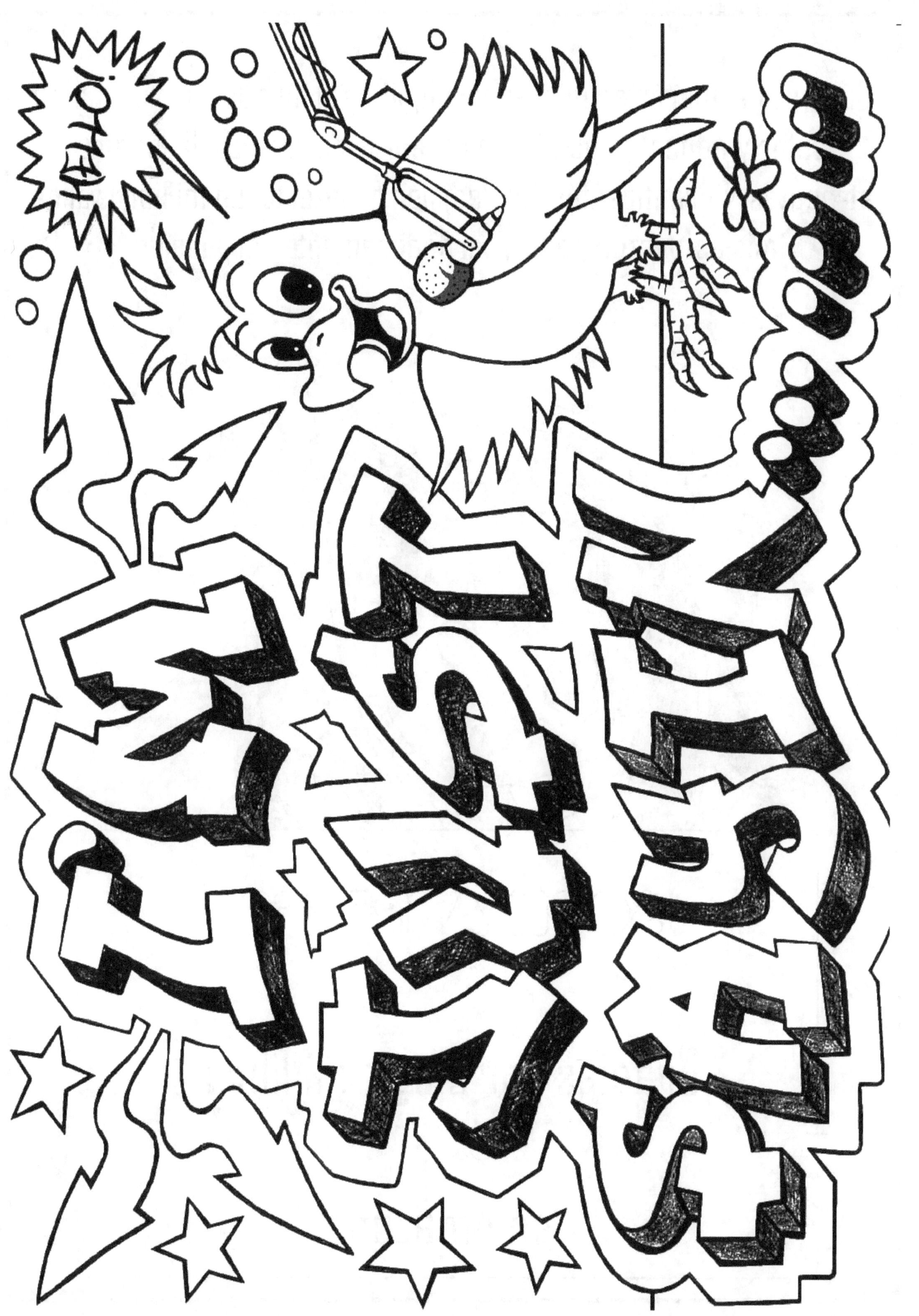

Su apoyo e interés en mi trabajo significa el mundo para mí. Como autor y editor, mi objetivo es crear experiencias de lectura atractivas y gratificantes. Su decisión de invertir en mi libro valida mis esfuerzos y estoy verdaderamente agradecido.

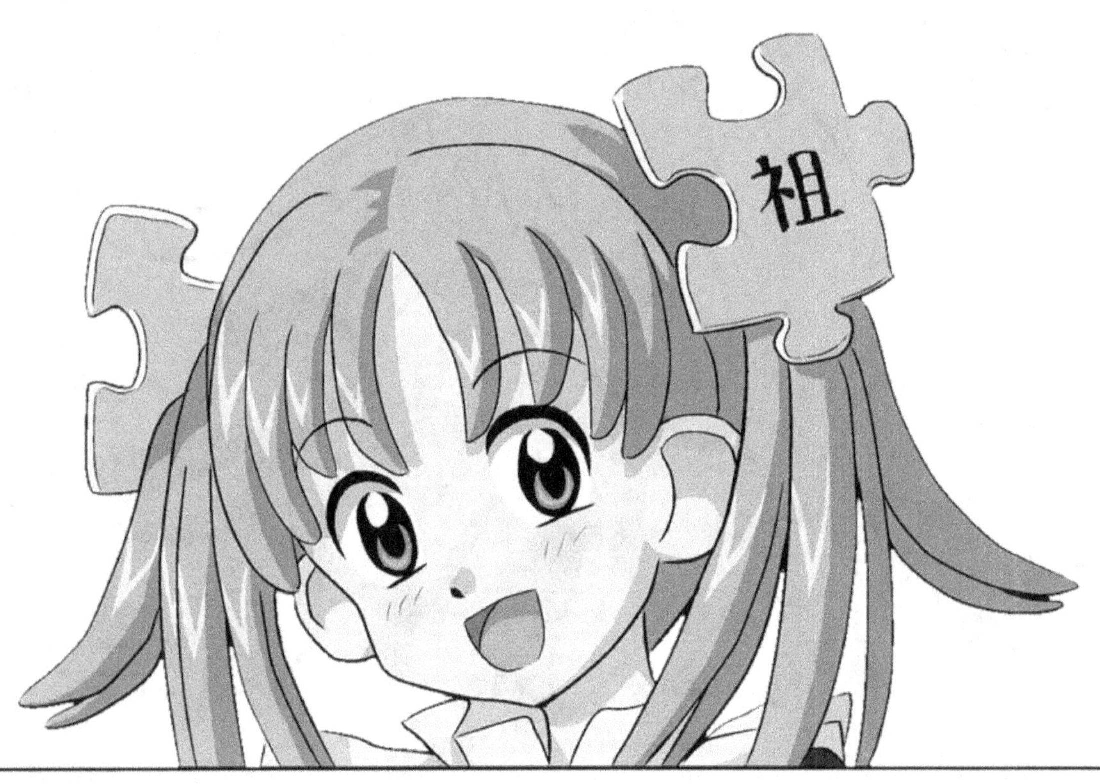

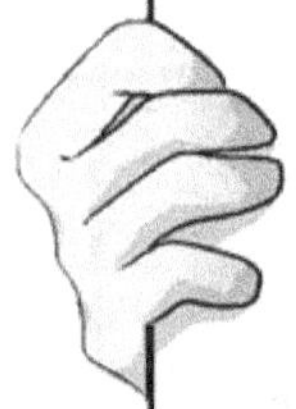

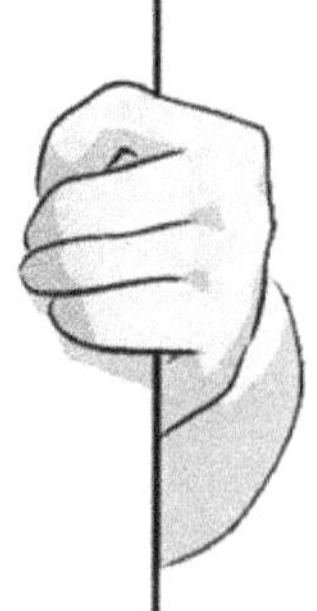

SOPHIA PRESS

Gracias por elegir mi libro

en Amazon.